每个人的心中都有一条河

悠悠

登沙河

——老镇登沙河历史文化图本

王国栋 著

大连出版社
DALIAN PUBLISHING HOUSE

© 王国栋 2022

图书在版编目 (CIP) 数据

悠悠登沙河 : 老镇登沙河历史文化图本 / 王国栋
著 . — 大连 : 大连出版社 , 2022.3
ISBN 978-7-5505-1744-8

Ⅰ . ①悠 ... Ⅱ . ①王 ... Ⅲ . ①乡镇—文化史—大连—
图集 Ⅳ . ① K293.15-64

中国版本图书馆 CIP 数据核字 (2022) 第 001068 号

YOUYOU DENGSHA HE
悠悠登沙河

出 版 人 : 刘明辉
策划编辑 : 张　波
责任编辑 : 张　波　安晓雪
封面设计 : 刘　帅
版式设计 : 刘　帅
责任校对 : 金　琦
责任印制 : 刘正兴

出版发行者 : 大连出版社
地址 : 大连市高新园区亿阳路 6 号三丰大厦 A 座 18 层
邮编 : 116023
电话 : 0411-83620416/83621075
传真 : 0411-83610391
网址 : http: //www.dlmpm.com
邮箱 : dlszhangbo@163.com
印 刷 者 : 大连金华光彩色印刷有限公司
经 销 者 : 各地新华书店

幅面尺寸 : 170mm × 240mm
印　　张 : 21
字　　数 : 297 千字
出版时间 : 2022 年 3 月第 1 版
印刷时间 : 2022 年 3 月第 1 次印刷
书　　号 : ISBN 978-7-5505-1744-8
定　　价 : 60.00 元

写给登沙河

河流挽着河流，

田野连着田野，

村庄挨着村庄。

在这块古老的小平原上，

你可以俯下身子仔细地

倾听

那落花生种子在拱出土地，

那玉米拔节和大豆摇铃，

倾听

那柄千年石斧的沉重叹息，

那栋百年老宅瓦当上的滴水。

登沙河！登沙河！

你有北方来的瓜尔佳氏，

你有跨海来的山东弟兄。

在经历了无数的传奇之后，

你诗一般柔美的波光粼粼

是母亲的泪？

是父亲的歌？

华

家

金星

排子

程家

北关

南关

鹤

大

海头

老王店

土城遗址

姜家

登沙河镇

舟

白家

阿尔滨

山东头

登沙河

大

马蹄子

大 李 家

杏

树

屯

王天阶墓

蔡家

长沙中

建

棋杆

老宅

范家

柳家河

棋杆河

扶

墓遗址

段家

盐

大

澳

马坨子

黑礁

大黄礁

蛋坨子

大连金州区登沙河镇

《悠悠登沙河》编委会

策　　划　张春雨

主　　任　张春雨
副 主 任　黄治苹
　　　　　刘凤斌

委　　员　向炎红　杨君莉　赵四海
　　　　　于欣欣　傅国锋　赵明明

工作人员　魏　悦　关连莲　柳　杰

登沙河大事记

青铜器时期

阿尔滨村大旺山一带出现人类聚落和打磨石器。
北关村东关屯遗址出现人类活动。
高家屯遗址出现人类活动。

东汉时期

高家村上官屯已建造汉墓群和陶俑。

两晋、南北朝时期

多地出现高句丽罐（墓葬）。

辽金时期

姜家堡子村土城遗址地区使用"正隆元宝"铜钱。

明朝时期

爆发望海埚战役，姜家堡子百户姜隆勇立战功。
北关、海头、段家筑有三处烽火台。

清、民国时期

清属金州厅积金社。
陆续建有龙王庙、长岭寺、老爷庙等庙宇和棋杆屯老宅子、排子村付屯老宅等。
段家村海边有金厂。

1898 年

乡绅王天阶参与马成魁抗俄抗税运动被捕，后被释放。

1899 年

沙俄殖民统治时期属"关东省"郭家岭行政区。

1904 年

5 月，日军第二军在盐大澳登陆；6 月，日军第三军在盐大澳登陆，日俄战争在金州地区展开。

1905—1945 年

属"普兰店管内"长岭寺会和姜家堡子会。
日本东洋拓殖株式会社在此经营大面积盐田。
1927 年 10 月 1 日，金福铁路通车，设登沙河站、棋杆站。

1945 年

8 月解放，同年秋建政，置登沙河区，属新金县（今普兰店区）。

1946 年

从新金县划归到金县。
开始修建棋杆底机场。

1948 年

金县三中创立，后成为省重点中学。

1950 年

改称第六区。

1954 年

金县在合作社的运动中，表彰了丛家村书记丛连兴的经验。《旅大文艺》杂志刊发了长篇报道。

1955 年

恢复登沙河区名。

1956 年

2 月撤区划乡，划分为姜家堡乡、海头乡、棋杆乡。

1957 年

程家村建成胜利桥。

1958 年

实行人民公社化，三乡合并，成立登沙河人民公社。

1983 年

改称登沙河乡。

1984 年

乡改镇建制，建登沙河镇。

1990 年

在金州区，乡镇企业产值率先突破亿元大关。

1993 年

登沙河五大经济指标跃居金州区第一名。
农村社会总产值 124588 万元，其中企业产值达 117718 万元，实现企业利税 20300 万元，上缴国家税金 1059 万元，完成财政包干 613.8 万元；粮食总产量 23476 吨。

登沙河镇荣获金州区"发展乡镇企业第一镇"称号。
镇建筑工程公司荣获金州区"发展乡镇企业第一企业"称号；姜家村大连金华钢厂荣获金州区"发展乡镇工业第一企业"称号。
登沙河镇出现 3 个亿元村。

1995 年

阿尔滨集团承建的东北民族学院教学楼荣获国内建筑界最高奖"鲁班奖"。

2005 年

9 月 12 日撤销金州区登沙河镇，设立登沙河街道。

2011 年

东北特钢集团大连基地搬迁到登沙河临港工业区。

俯瞰登沙河小平原

登沙河历史足迹示意图

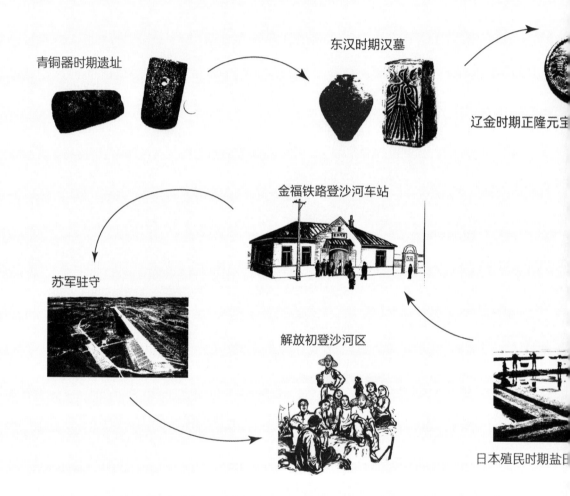

青铜器时期遗址

东汉时期汉墓

辽金时期正隆元宝

金福铁路登沙河车站

苏军驻守

解放初登沙河区

日本殖民时期盐田

明烽火台

明朝时期望海埚战役

清末长岭寺

盐大澳日军登陆

棋杆屯老宅、付屯老宅

登沙河入海口

前言

2019 年 7 月，带着金普新区党工委的信任和重托，我从董家沟街道来到登沙河街道工作，开始和这一条大河、这一块土地以及这里的人们相识相知，开始了新的工作历程。

登沙河，这个名字和河水一样清澈、辽阔，它是古老的也是年轻的，它是沉静的也是沸腾的。尤其 2020 年以来我们经历了一场前所未有的战"疫"后，我更加热爱这块土地，也更加渴望了解它的厚重历史，来全身心拥抱它的今天，展望并祝福它的明天。

这一方土地光荣而厚重，绵长而坎坷。

登沙河有一个北关村，这里有新石器晚期和青铜器时期的文化遗址；还有一个高家村，那里有汉墓群；而姜家村有辽金土城的遗址；段家村、海头村有明代烽火台遗址。

600 多年前，明朝著名的望海埚战役爆发，我们姜家堡子的百户姜隆率屯田民兵在登沙河口一把火烧了倭寇船只断其归路。望海埚一役，入侵的1500余倭寇被一举全歼。

1904年日俄战争在辽东半岛爆发时，日军第二军、第三军在盐大澳（即登沙河海岸线）登陆，然后向金州、旅顺进发。日本殖民统治时期，这里又是日本东洋拓殖株式会社的盐田，他们修筑的金福铁路（即金城铁路）掠走了多少资源和财富！

1945年8月大连解放后，苏军远东第三十九集团军的一支装甲部队驻守这里。1955年后，从朝鲜战场下来的中国人民解放军第三兵团来接防。过去，这里还有空军某部的一个机场站，在抗美援朝战役中是我军主要后方机场之一，20世纪50至70年代又是我军一线机场，为保卫国防起到了重要作用。

总之，登沙河小平原上有入海口，有码头，有机场，自古以来就是兵家必争的战略要地，也是我们金普新区的一块宝地。

这一方土地钟灵毓秀、人杰地灵。

我还了解到，大连开发区的奠基人之一范勇昌同志，就是我们登沙河范家村大范家屯人，也是当年登沙河金县三中第一批学生党员之一。

中国致公党中央原副主席、全国政协原常委兼副秘书长吴明熹同志，1957年至1982年在登沙河中学任教；这里还有清末民初金州的文化名人王天阶、民国时期的体育明星"万米王"赵德新；到了现代，登沙河还有中国女足的中场主力毕妍、国家一级京剧演员岳峰、著名大提琴家关正跃、著名板胡演奏家白吉珠等文体明星，还有大连市作家协会副主席孙学丽、宁明，大连《新商报》第一任总编辑马力等文化名人。

这仅仅是登沙河走出去的众多名人明星、学者作家的一部分。一代又一代的登沙河人，用勤劳和智慧为家园增光添彩，让我们也为之骄傲和自豪。

更值得一提的是，当代大连一些著名的企业家，如金广集团的范广臣，阿尔滨集团的赵文玉、赵明阳，环宇阳光集团的周全利，宜华集团的苏跃升，金弘基集团的王成满，九城房地产开发有限公司的刘相斌，等等，都是喝登沙河水长大的，都是从这里走出去而登上了大舞台……

匠人，是登沙河企业家的一个重要的基因。大河，则是激励登沙河企业家的一个影像。

这一方土地如诗如画，美丽富饶。

登沙河的美是自然的质朴的，是上苍的眷顾。例如，我们有三条大河在境内入海，河流之多在金普新区的街道里是绝无仅有的；同时，我们又有着唯一的一块小平原地貌；再加上世世代代登沙河人的春种秋收辛勤耕耘，必然会沉淀造就出大美的登沙河。

黄海盐大澳的海湾岬角和秀丽的海蚀地貌，马坨子岛幽静湛蓝的海水，近在咫尺又恍如世外桃源……不深入这里，你根本无法领略到登沙河的美。

在过去的年代里，登沙河农渔并举，成为金县的著名粮仓。因为海上盛产海参、贝类、对虾等海珍品；田野里稻花飘香，还有玉米、大豆、花生、地瓜；果园中盛产大樱桃、苹果、黄桃、蓝莓、软枣等名优水果。

总之，登沙河是最好最美的一幅图画，也是我们现代版的田园牧歌图、山海水墨图、清明上河图。

这一方土地活力无限，前程可期。

弹指间，我来到登沙河街道工作已经两年了。在这两年里，我走遍了登沙河所有的村屯社区，对这里的发展充满了希望。当然，这片希望的田野上也有一些历史遗留问题急需解决。党和人民信任着我们，因此我们着力解决了长期困扰老百姓的自来水一期改造，还有回迁楼主体建设以及文化广场建设、无害化公厕改造等民生问题，这两年又赶上新冠肺炎疫情反复，给我们的工作增加了难度和压力，但我们班子团结一致，陆续啃下了这些硬骨头。

还是那句话，人民群众对美好生活的期盼，就是我们的责任、我们的工作方向。

我很庆幸，自己工作在这样一个安定和谐而又朝气蓬勃的地方，还庆幸有一批能干事、能成事的战友，有一批在基层在一线的同事。因为他们，我坚信登沙河大有希望，登沙河一定会越来越美好。

习近平总书记说："历史是最好的教科书，也是最好的清醒剂。"

在忙忙碌碌的发展建设同时，我们一直在认真思考着登沙河的未来。我认为，追寻和继承这块土地上的文化根脉，才能让这块热土重新焕发青春和活力。

在这一方土地上，既有现代乡村的山海、田园风光，也有东北特钢集团的大连基地工业园；既有屈辱的甲午、甲辰战争遗址，也有保家卫国的光荣史篇。我们不能让千年的历史文脉在这里断层，要把它传承下去，留给后人并且发扬光大，这是我们的使命所在。

为此，我们聘请了资深媒体人王国栋同志来帮忙，他和我们登沙河街道的小团队进行了大量的田野调查，整理文献资料，梳理历史文脉，探究千年渊源。如今，这本《悠悠登沙河——老镇登沙河历史文化图本》一书就是成果之一。

这本书在很短的时间里酝酿成稿，概括叙述了厚重的历史脉络，登沙河畔老镇的记忆正逐渐清晰，有厚度，有温度，是留给登沙河后人的一份礼物。

这本书也将为登沙河的历史文化定位、为登沙河未来规划发展做一些参考和提供文化支撑，也将为登沙河区域寻找它独特的根和魂。

我想，我们这些年代久远的乡镇街道，应该有一张属于自己的老族谱和老家谱。我们有一些普通的农户人家都能做得到，都知道自己是从哪里来，又到哪里去。我们一个街道组织不应该做得更好一些吗？没有历史的荣耀感，如何谈得上热爱这块土地？

美丽乡村是金普新区发展的根基，古人云："礼失而求诸野。"乡村历来就是一个文化宝库，但宝库是需要经营的，需要不断丰富和发展的。

大河奔流，老镇不老，这是一个和其他任何乡镇街道都不一样的老镇。

它值得所有人的期待。我坚信，未来的登沙河一定会有无限的可能和更长远的发展！我愿在这片深情的土地上，与登沙河所有父老乡亲相知相守，把登沙河建设得更加美好！更加辉煌！

　　三川美如画，一海望无涯。

　　得水藏风地，辈出企业家。

　　是为序。

　　　　　　大连市金普新区登沙河街道党工委书记

冬日的登沙河

目录

大事记

楔子

01 | 大河文明　上善若水

09 | 匠人基因　大浪淘沙

10 | 村屯由来　地名释义

11 | 图表

后记

楔子

1

公元 1216 年。

金朝，东京路辽阳府化成县。

彼时，北方草原铁木真强势崛起，铁木真麾下大将木华黎率蒙古铁骑已
经横扫辽东，旋即攻陷了辽南这座金国所属的化成县，城内被洗劫一空后，
他们绝尘而去。

至暗时刻，世居登沙河边的一个大地主仆散家准备从海上逃到山东以避
战乱，仆散老者在万般无奈下，命家人把实在带不走的一些正隆元宝埋在了
地下。

此后的岁月里，虽然化成县一度被朝廷升级为"金州"，金国已然灰飞
烟灭，仆散家乡这里也被夷为平地。

主人一去不复返，铜钱地下恨悠悠。

800 余年后，姜家村土城子屯的村民们偶然发现地下竟然有窖藏。金州
博物馆工作人员匆匆赶来发掘，这些正隆元宝才重见天日。这时，古钱币已
经锈迹斑斑了。

这种铜钱圆形方孔，正面是"正隆元宝"四字，背面无文。直径为25毫米，

厚度为 1.63 毫米。

2

公元 1419 年（明永乐十七年）。

金州卫，望海埚战役激战中。

埋伏在一片柞树林中（今马蹄子村）的百户姜隆见北边鏖战正酣，杀声阵阵，即率百余人疾行至东南的登沙河海口。这里正是倭寇上岸处，几名守护倭船的倭人正在那里张望。

借助青纱帐的掩护，姜隆一声呼啸，众人一齐杀出，结果了几名倭寇，然后在船上泼洒桐油点燃火种，几十艘船顿时一片火光。

此时倭寇残匪已从樱桃园空堡败退撤到海口，看见船只被烧，已无归路，顿时军心溃败，纷纷跪地求饶。

望海埚战役至此获得全胜。

大明时期，百户为世袭军职，统兵百余人，为武官正六品。金州卫百户及兵丁平时屯田，战时为兵，姜隆所在的姜家堡子距望海埚不到 4 公里，所以总兵刘江为应急，就近调动了这个堡子的屯田军去烧船。

数十年后，望海埚一带村民筑得胜庙纪念之，在《得胜庙碑》的碑文里即有"麾下令千兵姜公焚烧其船……"的字样。"千兵"即千户，说明战后姜隆已经由百户升至千户。

1589 年，重修真武庙时刻了一通石碑，那通碑碑文中也有望海埚之战的记载，其中有"姜公烧其船"。

今日姜家村人的姜姓老家谱中，确有"姜龙"其人，也被奉为姜姓先祖，不过年代时间上不吻合，人物的名字也不一样，不知其故。

3

清乾隆年间。

山东登州府。

牟平山北头海岸边。

这是年轻的三兄弟，都是青衣短衫、着简朴的衣装伫立在岸边。他们默默回望了一下家乡山北头村，便毅然决然地跳上了一条小舢板，开始奋力向海中划去。

在茫茫大海中向北，沿庙岛群岛的岛链一直前行，中途只在一个小岛上短暂休息又继续前行，经过一天一夜的搏击，三兄弟终于在旅顺口登陆。

上岸后，三兄弟一路疾走，经老铁山、青泥浦、金州古城再向东，来到了一条大河边。

看到这条清澈的河流和肥沃的小平原之后，三兄弟停下了跋涉的脚步，他们相顾而笑，于是河岸边开始有了新的炊烟。

这里，就是现在的登沙河马蹄子村曲屯。

在曲屯后人编纂的《曲氏谱书》中记载这一曲姓，有个说法是"活曲死鞠"。

据说，这三兄弟的曲姓乃鞠姓一脉相传。鞠姓先祖在过去的一个朝代里做大官，因为被另一个大官诬陷"得罪"了皇上，获满门抄斩之罪，丞相欲相救，便问："屈不屈？"回答："屈。"于是，在这场灾难中侥幸逃脱的鞠姓后人都改为曲姓，不过仅限于在世时，死后必改回"鞠"。曲姓人遵守这一风俗至今。

"活曲死鞠"也成为中华姓氏中的一个传奇，令人感慨。

4

清嘉庆年间。

棋杆河畔棋杆底村。

从西边的小路走来的是夏氏兄弟四人。当他们看到了苗家老宅门前高高的旗杆，看到了一大片平整的土地，于是停下了脚步。这四兄弟是从山东过来的工匠，应金州官府招聘，来修复残破的古城城墙和魁星楼，一年后，挣了一笔大钱。

看到辽南山清水秀，四兄弟决定要寻一块风水宝地留下来，于是怀揣银票一路向东，最后决定在棋杆底这里置地建屋。

四兄弟本就是手艺高超的匠人，齐心合力盖起了三排硬山式大瓦房，青砖灰瓦，斗拱飞檐，就有了现在我们看到的这栋老宅。后来四兄弟中的一支迁移到蔡家村，因此那里也有了一个夏屯。

现在的夏家后人们说，百余年来夏家上学的、当官的、做买卖的，搬走的多了去了。想知道是否有联系，必须查家谱。家谱都是在过年的时候才拿出来看，老人们给孩子讲一讲往事……

5

东北长白山。

五道沟瓜尔佳氏。

早年，瓜尔佳氏始祖牙力阿系八旗勇士，八旗入关进京，即世居宛平县草帽胡同。进京后，因民族融合和书写方便而取"瓜"的谐音，改为关姓。雍正年间，这支关姓奉调至盛京将军辖境之金州城东门外。

在金州城东门外其家族又分三支：一支到二十里堡关家店，一支到大辛寨子，一支迁登沙河关家沟。

关家沟的关姓其后又分为两支，其一另建屯落，有了大关家沟和小关家沟之分，还有老关嘴子等，都是关姓先祖落户于此逐渐形成的村落。

嘉庆十九年（公元 1814 年）至道光年间，由于人丁滋生旺盛，生计艰难。族人中有递名北迁双城堡屯垦成边者，仍按原隶属旗分建立旗屯，在当地被称为"营子里人"。现在黑龙江省哈尔滨市双城区青岭乡关家村的关姓族人，即来自大连金州老关嘴子大关家沟支系的后裔。

6

和中原人的祖先们一样，他们曾经手持耒耜，在这里鼓腹击壤，凿井耕田，开沟引渠；这里也像埃及和美索不达米亚那样四季分明，是一块肥沃的三角洲平原，是一块最好的移民迁徙目的地。

在登沙河区域的移民聚落形成时间上，1988 年版的《金县地名志》上曾有记载，其中的一些村屯记载是：

段家村李家屯，清乾隆年间，有李姓从山东牟平县谢家庄迁此落户建屯得名。

高家村郭家屯，清康熙年间，有满族镶黄旗郭姓迁此建屯得名；后形成两个聚落，东屯称下郭屯，西屯为上郭屯。

程家屯，清嘉庆年间，有程姓由山东迁此建屯得名。后有苗姓、房姓、李姓等陆续迁入，形成两个聚落，分别称上程家屯和下程家屯。

大范家屯，清雍正年间，有范姓由山东胶州莒城迁此建屯，初名范家屯。乾隆年间，其同宗支系建小范家屯后，遂改今名。

丛家村，初称桑树房，清嘉庆年间有丛姓迁此建屯，开设铁匠炉，改称丛家炉；后形成前后两个聚落，南屯称前丛家炉，北屯称后丛家炉。

⋯⋯⋯⋯⋯⋯

家谱成了遥远的历史，历史变成了传说和故事。

1935 年，金州登沙河，新建的基督教信义会福音堂，牧师曲延遂（后排左三）与当地信奉基督教的村民合影

河流挽着河流，

田野连着田野，

村庄挨着村庄。

在这块富庶的小平原上，

你可以俯下身子仔细地

倾听

那玉米拔节大豆摇铃，

那瓜果细语稻花飘香，

倾听

一支浪漫的小夜曲

在登沙河土地上流淌。

01

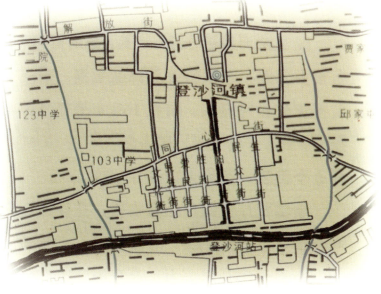

大河文明 上善若水

我在地图上曾经仔细地观察过登沙河街道，突然发现它非常像一块镌刻着古老象形文字的甲骨——一块大龟甲。

你也许会说，龟甲上面的文字无非就是姜家、南关、北关、马蹄子、段家、海头等村屯名字而已吧。当然，有的名字已经几百年或更久远了，或许真的如甲骨文一样古老。

大河出图，黄海遗珠。

在这块"甲骨"之上除了村屯聚落之外，我发现还真有一象形文字，这就是三条河入海而形成的一大大的"川"字。

这三条河，从西往东的排列是登沙河、棋杆河和柳家河。在空中俯瞰，三条河的走向排列恰好像一个"川"字，深深地刻写在这块小平原上。"川"字在中国，如四川、银川、敕勒川、名山大川等，是一个吉祥的象形汉字，是众水并流、川流不息的象征。

独流入海的三条河，经过数千年的河道迁徙和冲击洗刷，齐心合力造就了黄海岸线的这一块小平原，小平原也成为金州最主要的粮仓。说粮仓，是因为粟、薯、黍、菽、蔬这里都盛产，也许，这里就是辽东各种外来农业物种的一个最先落地的试验场。因此，登沙河的这片土地也可称为金州唯一的"大河文明圈"。

有人说，人类的历史就是沿着河流不断迁徙的足迹累积而成的。河流带给我们薪火相传的文化传承。当我们走进了一条河流，便是走进了一部深邃无比的历史。

登沙河区域的三条河归宗入海，以农耕文化来拥抱海洋文化是一种必然；登沙河走向新的发展之路，也是必然。

两源九曲得水藏风

大连老市区之北，上有普兰店湾，下有金州地峡，在半岛这两大蜂腰部的中间地域，即金普新区。

金普，黄渤两海左右相拥，千山余脉上下纵横。

金普，山海形胜物华天宝，面朝大海春暖花开。

这里，也是辽南地区最为丰腴最为富庶的一块风水宝地。

金普新区是千山余脉挺进辽南的第二阶地，在金普的东海岸，就有东大河、青云河、登沙河、棋杆河和柳家河等几条河流入海，都是金普区域内最大最长的河流。

上善若水。大地上的这些河流，我们也许都低估了它们的力量和作用。它们微则无声，巨则汹涌，与人无争却又容纳万物，一直以来就是辽南文明的摇篮。古人云，江河为文明之胚胎。

这其中的一条河，就是清澈悠长的登沙河。

登沙河全长 25.7 公里，在大连地区按集水面积排名第八，在金普新区排名第一。这条河在奔流入海的同时，用她甘甜的乳汁哺育了两岸的肥沃土地和一个老镇。

辽南的老镇，大多都没有过一个完整穿越历史的身影，留给人们更多的仅仅是村屯聚落，这些村屯的名字也许就是解读它们的密码了。细细琢磨这些地名，或是古老墩台驿站的只字片语，或是移民姓氏的顽强根脉，或是山海河的流波身影，总之，一看名字也许就知道了它的历史由来。

我们熟知的许多乡镇，是以岭、山、堡、湾、屯等命名，而老镇登沙河却选择了以河为名。

登沙河，是一条河，是一座老镇，也是一部辽南文明史的切片标本。

从2019年年末始，我多次走进这块土地，沿着登沙河溯流而上，沿着聚落炊烟逐村采访，一直走了15个村庄。

湛蓝多云的天空，波浪起伏的青纱帐，青砖灰瓦的老宅老房，河畔的白杨栎树，高耸的水塔和高压线塔以及纵横的铁路公路网……交织互融，浑然一体。放眼辽南这片小平原，正如它所经历的岁月一样幽深悠长。

《明史·地理志》就曾有登沙河的记载：

金州卫本金州，洪武五年六月置于旧金州。八年四月置卫。二十八年四月，州废。东有大黑山，小沙河出焉。又有小黑山，骆马河、澄沙河俱出焉。

对于这块土地的人们来说，昔日的登沙河清澈洁净，河床沙砾丰厚。流域内因为是片麻岩地带，风化层又较厚，雨季冲刷后带入河道大量的沙砾而含泥量很小，加之过去整个流域的植被也好，河水清澈见底，故取名澄沙河。后来是人们在书写过程中，逐渐简化而演变成了今天的"登沙河"。

我一直好奇，《明史·地理志》中记载的这个澄沙河，其"澄"的发音是chéng还是dèng呢？

过去一些史料如《南金乡土志》等，都说登沙河发源于金州境内的小黑山南坡，其实认真考究下来，登沙河是有东西两个源头的：小黑山属于西源；还有一东源，是更远的普兰店区太平街道二龙山和连家沟。

这两个源头都在千山山脉隆起的龙脊里，两处源头的一道山脊恰好形成了一个倒"U"字形，位于这条河同时也是登沙河老镇的上方，这是堪舆学中典型的"龙穴"之所在。从这里，登沙河两条支流源头自西北和东北过来汇集后，涓涓细流丰枯交替，或窄或宽或曲或直。在流经向应、华家、登沙河三个街道的区域后，于南嘴头注入盐大澳，投入黄海的怀抱之中。

气之来有水以导之，壤界间有水以分之。登沙河，典型的得水藏风之地势。

地质学家说，仅仅在 4500 年前，那时辽南金州区域除了千山余脉的小黑山、大黑山之外，只有东部的扁担山、窟窿山、野鸡山、太山、老座山、南太山和西部的北屏山、笔架山、台山等少数海拔在 200 米以上的山峰，是突兀地矗立在这道"脊梁"两侧的丘陵间，其余地区如现在的大李家、登沙河、杏树、华家、石河、七顶山等街道的绝大部分和其他沿海地域、较低矮的丘陵慢岗地带还是均为海水所淹没。

那时青云河、登沙河、棋杆河尚处于幼年期。而金州西侧的河流则处于幼年至中年期，如北大河、大魏家河等，这就是千山山脉的"脊梁"因素，东侧地势高而缓、西侧地势低而峻的地貌写照。

黄海银湾盐大澳

1

登沙河、棋杆河和柳家河都是由西北向东南而流入黄海盐大澳的。

盐大澳，因登沙河入海口处原有大面积盐田而得名，"澳"意为海边弯曲可以停船的地方。登沙河区域自古就有码头，包括东北方向的杏树街道猴儿石和西南方向的棋杆河口、登沙河口。

所谓盐，天生曰卤，人生曰盐。就是说，由卤到盐一定要经过人的加工，是人的劳动让盐变得可以食用，是人赋予了盐灵魂，让盐有了文化内涵。

这里盐田的记载是从明代开始的，大明金州卫的煎盐军曾驻扎在这里。根据《辽东志》所述，金州卫每年额盐为209830斤。实际这里晒盐、煮盐的历史会更久远，也许可以上溯到秦汉时期。

村屯名字常常就是一个地区的密码，不经意间就说出了历史和出身。例如登沙河山东头村有一个"小盐场屯"，那里昔日就是一著名盐场。屯里居民多以熬盐谋生，故屯以小盐场命名。

登沙河白家村也有一"盐场屯"，这里于民国时期辟为盐田。盐场屯原属孟家嘴子屯，后来盐工逐渐集居，由此而得名。这里背倚土岗，面迎海口，盐田连片，解放后金县盐场登沙河分场曾驻此地。

从空中俯瞰，盐大澳海湾呈狭长的三角形，实际也是金普新区的一个小三角洲。

这个小三角洲，北起杏树街道邹家嘴子，南至大李家城山头。海岸线长约33公里，面积约60平方公里。水深自西向东递增至10米，海底多为沙质，其中马坨子岛至蛋坨子岛一线分布着许多岩礁，海口滩涂广阔，潮间带宽5公里左右。其南部海岸陡峭，岸下水深流急，为老金州的著名渔场，而城山头上还遗有辽金时期的古城遗址。

这个小三角洲，城山头在西为屏障，广鹿岛在南为门户，马坨子、蛋坨子为前哨，小黑山在后是一条"U"形曲线的山脊；海湾则是三面环陆，又汇集了三条河带来的矿物质和营养成分。在古代，这样的地理环境就是人类的避风港，也是众多生物的产卵区、育婴所和休栖地。

盐大澳的滩涂及近岸岩礁，一直盛产的海产品有文蛤、牡蛎、对虾、毛蚶、香螺、泥螺、紫贻贝、刺参、海胆、黄花鱼、黄姑鱼、带鱼、梭鱼等等。在历史上多由沿海居民自由采捕，解放后成立了养殖场。

因此，盐大澳堪称古人类的一个海鲜大厨房或者是海鲜大冰箱。

曾经，一叶扁舟风波里，鱼肥蟹美虾满仓。

老登沙河人，谁没有在盐大澳赶海的回忆呢？

我曾经多次到段家社区的海岸线来看海，前方是一个浅滩，据说落大潮时都能走到上面去。这一片海滩上就有花蚬子、小螃蟹和海参等。过了滩涂再往前看就是广鹿岛，第一次在这里看让我十分惊讶：广鹿岛距离这么近啊。

盐大澳与长海县广鹿岛之间的这片海域，又被称为里长山海峡，是历史上日本侵略者经常来袭扰挑起战事的区域之一，例如明代的倭寇和近代的中日甲午战争、日俄战争等。

明代望海埚战役时，倭寇的船只就是在这里登陆的，最后也是在登沙河口被全歼的。

这里，真应该有一块碑来记载这场战事。

2

1904年日俄战争爆发时，日军大本营要求第二军迅速在辽东半岛登陆，然后从正面攻打俄军的旅顺港要塞。

在日军第二军登陆地点的选择上，他们却存在着很大分歧。日军大本营提出了大孤山、大连港、小平岛、大小窑湾和盐大澳5个备选地点，最后才决定把盐大澳即现在的杏树街道猴儿石河口作为登陆点。而杏树街道当年属于登沙河区域，一直到1948年才从登沙河区划分出去而独立成为杏树屯区（乡镇）。

1904年5月5日，日军第二军乘70艘运送船向辽东半岛进发来到了盐大澳。指挥登陆的第二军司令官是日军大将奥保巩，下属的第三师团长大岛义昌即后来的"关东州"第一任长官。日本殖民统治时期，大连中山广场上的那个大铜像就是大岛义昌的塑像。

日军在这里架起6座栈桥。登陆的第二天风急浪大，日军把登陆地点逐渐向西南海岸线转移，一直到现在登沙河所属的段家社区和范家社区海岸。到5月13日，日军第二军的第一、三、四、五、六师团6万余人全部登陆完毕，开始了日俄金州南山之战。

同年6月6日，乃木希典率日军第三军两个师团三个旅团4万余人，再于盐大澳一带登陆。这时，乃木希典的长子乃木胜典已经在攻打金州南山俄军阵地时阵亡，他迅即赶到南山战场，追悼其阵亡之子。

因此，盐大澳的名字，后来也频频见于中国近代史料之中。

3

当年，盐大澳河口有大面积的盐滩。

日本殖民统治时期，从1935年始，登沙河盐田达到56130公亩（1公亩=0.15亩），那时，这里的盐田是由日本东洋拓殖株式会社经营的。

东洋拓殖株式会社，乃当年侵华日军的一名退伍陆军中将叫宇佐川一正创立的，现在大连中山广场6号楼即交通银行大连分行所驻楼就是日本东洋拓殖株式会社的大连总部楼。那时，东洋拓殖株式会社年产盐达到25000吨，金福铁路的运量很大一块就是往外运盐。

日本殖民统治时期的盐田在哪里呢？段家社区、白家社区、范家社区、马蹄子社区都曾有盐田。

我去采访段家社区时，书记李鹏昌带我去看了日伪时期盐田的一个工业遗迹。

我们驱车沿着龙岗路到段家社区的海岸边，在一很窄的土路路边停下来。下车后，我才发现左侧有一水泥浇筑的基础遗迹，上有两个大转盘似的铁件，螺丝杆很高但锈迹斑斑；右侧不远处是一道高高的水泥墩式闸门。原来，这就是东洋拓殖的一个盐场所在，涨潮时，海水从这里涌进去，然后关上闸门，就可以在里面的盐池晒盐。

盐业历来一本万利，可惜这个工业遗址也被破坏得比较严重。除了水泥墩上的几块大铁疙瘩，水泥闸门和洞桩的建筑上已经找不到有文字和历史标志的痕迹了。

尽管如此，这也是一个难得的日本殖民统治掠夺资源的见证。

4

在盐大澳里，马坨子岛是一颗明珠，可惜很多人还不知道。

从空中俯瞰，马坨子岛是一个长三角形状，周围的海蚀地貌斑斑点点，看上去它更像是一个海里的生物。

上岛要先到海边的小码头，小码头的这处海湾是一泊船良港，通商贸易、船舶往来曾经兴隆一时。

小码头的海岸边是明清时期的一处金厂。滨海淤泥中多有沙金，过去这里的居民也多以淘沙金为业，故屯子就名为"金厂"。

关于金厂，在日本殖民统治时期有一个《满蒙研究汇报》杂志，该杂志1917年第 16 号《诗林文坛》专栏刊登了一个叫池内秋峰的日本人写的汉诗，就写了登沙河所属的姜家堡子会和长岭寺会。

长岭寺会四十六村

长岭寺边稀世尘，绿荫浓处压芳春。

请看金厂湾头月，并得白沙兰水滨。

诗尾的注解是：长岭寺会面临海湾，有金厂港，管内三港之一也，又有李兰河注于海湾。

在金厂这个小码头换乘一小艇可以上马坨子。海岸边距离马坨子约 3 公里，小艇 10 分钟左右即到。在船上看这片海域，湛蓝而清澈，开阔而浩瀚，湛蓝是蓝宝石的那种蓝，开阔是心旷神怡的那种开阔。小艇两边的海面上，漂着养殖区的鱼鳔状大球，也是一道风景线。

马坨子岛上岸的地方，是一个非常狭窄的梯状台阶，一面是海，一面紧靠着水泥坝，走上去时是让人心惊胆战的。上去后，顺着一条路往岛中央走，处处风景。岛中有一海神娘娘雕塑，面容十分慈祥；还有一天后宫小庙，细看石碑碑文的记载，就知道是登沙河企业家王成满投资重建的。

全岛面积仅有 0.5 平方公里，海拔为 23.5 米，岛岸线 2.3 公里。海域四周是产生风景的海蚀地貌，这里又盛产海产品。向导说，到海滩下面你随便走走，就可以捡到海参和牡蛎。

蛋坨子在马坨子西边，面积比马坨子小，有人说，两个小岛可以穿连起来成为一条绝佳的路线。

我说，马坨子岛真是一个好去处。它的好处，有与世隔绝的味道，又近在眼前，非常适合于文青搞创作，适合于情侣度假放松，适合于享受孤独和疗伤，适合于逃避和修行……

总之，在岛上搞个条件好点儿、价格高点儿的民宿，浮躁、郁闷、闹心、拧巴的现代人会喜欢的。

河水冲刷炊烟起

1

登沙河。登者，澄也；沙者，流也；河者，水也财也。

登沙河老镇从名字来看，就是水之性也。

就其河流而言，登沙河两源九曲，流经三乡；一床澄沙，泽润八方；何况这里有如"川"字状的三条河。

这其中，登沙河是这里人们公认的母亲河；棋杆河、柳家河是姨家的河，可以称之为"棋杆姨和柳姨"。

大河流出之初冰清玉洁，流淌之中俯拾纳流，舒展浩荡。千百年来冲刷下来的泥土沙砾，浸漫在今天的正阳街和海头社区，淤积成现在的白家社区、段家社区和范家社区的土地。

很多人不知道河流是摆动的，是分汊的，是可以创造新的土地的。

清康乾之时，登沙河人的祖先走到这里，看到芦花洁白如雪，禽鸟迁飞起落，河海黄蓝分明，于是在这三条清澈的河流岸边停下了跋涉的脚步。于是，这里开始有了聚落和炊烟。

在三条河的滋养下，登沙河人对水有着一份天然的情感和眷恋。之所以特别喜欢这块土地，是因为三条河从村庄里穿过，家家都是岸上住，河水的浇灌与淹没、创造与毁灭，还有恩与威、柔与刚，对人的影响深刻到了骨髓。其行为做派，无拘无束、自由散漫的性格特点都与河水有很大的关系。

所以，这里的企业家多，也不足为奇。

一个人的生命长度，对于一条大河来说，实在不足以言及沧桑。可一条古老不绝的河流，经一个个平凡生命的努力耕耘，才有了今天的模样。

2

登沙河流域面积 229 平方公里。据有关资料统计，登沙河多年平均径流量为 0.51 亿立方米，汛期 6—9 月的径流量占年径流量的 81.4%。汛期每遇暴雨，河水即暴涨，水流湍急，河水出槽，流量一般为 100—200 立方米 / 秒。

据《金县志》记载，1913 年 8 月登沙河洪峰流量达 2110 立方米 / 秒，水位 13.01 米。

1964 年 9 月 12 日，因为金州地区连续降雨达 130 毫米，当日下午 3 时登沙河河水起涨，至下午 5 时水位达顶峰，实测洪峰最高点 12.52 米，最烈时浪高 2 米以上，为登沙河有历史记录以来的最高洪峰。

当时，杨家店水文站被洪水围困，工作人员是冒险测量而取得的数据，彼时河段左岸跑滩 450 米，右岸跑滩 50 米，最大河流量 1060 立方米 / 秒，最大流速 5.26 米 / 秒。

1985 年 8 月发生的那次 8 号台风和暴雨，实测洪峰流量 980 立方米 / 秒，水位变幅 2.47 米。河流最大涨落率每分钟达 20—50 厘米，水浅流急冲刷大，一般冲刷深度 30—40 厘米，洪峰过后泥沙淤积河床。实测最大含沙量 23.7 千克 / 立方米，最大年输沙率为 9.6 千克 / 秒。多年平均流量仅 0.95 立方米 / 秒。

登沙河中下游一带这些逐渐沉积的矿砂，具有耐酸、耐碱、耐压、凝固力强的特点，因此也成为优质的建筑材料，一度年运出量可达 10 万吨以上，因此也造成了河床逐年下降。

登沙河在汛期时河水暴涨，水流湍急，下游河宽可达 200 余米，新中国成立前洪水常会阻断交通，进入旱季，河水又细流如束；如逢大旱，大部河道甚至枯竭，因此，也是一典型的季节河。

2020 年还发生了一件奇事，6 月 7 日凌晨 3 点左右，正是登沙河的金沙湾浴场退潮时，一位赶海的游客在沙滩上发现一只活着的鲸类动物。他见这只鲸类动物长近 2 米，足有 120 多斤，于是立刻报警求助。

段家边防派出所的民警为了不伤害到这个大动物，保证它返回大海后不会再度搁浅，大家商量决定将它带上渔船，在附近找个港口放生了。专家鉴定说，这是一只东亚江豚，在 2017 年动物保护名录里的"濒危"一列，属于保护动物；至于其搁浅的原因暂时还无法判断。

3

这块小平原上的另一条河是棋杆河，在日本殖民统治时期还有一说叫李兰河，缘由不明。

棋杆河源出于华家街道的刘家窑丘陵之间，向南流经转角房、程家社区、棋杆社区之后注入盐大澳，由棋杆屯而得名，全长仅 12.6 公里。棋杆河支流较多，水量较大，转角房西有公路桥长 80 米。

2020 年 5 月，我到老镇的丛家社区和蔡家社区采访，路过几近干涸的棋杆河，偶然一瞥似乎都看不见水流，两边的岸柳和蒲草长得旺盛，第二次细看时发现河中有一条细流，由于春草萌发，曲折的细流似乎时断时续的样子，很小很瘦。而到了 9 月，大雨滂沱河水暴涨又是另一副模样了。

第三条河是柳家河，位于杏树街道与正阳社区之间，它源出于普兰店区南部边境的丘陵地区，向南流为杏树街道与正阳社区之间的一条界河，沿河有沙家、蔡家、柳树等村落，向南流入海，全长 15 公里，在原柳树屯西河上架有石拱桥，桥长 102 米，并以柳树屯命名。

位于老金县东部的登沙河老镇，与金州西部北部地区虽然没有 400 毫米降水线那样分明的界线，但也有很大的区别。

因为三条河的水系，在这里像人的掌纹一样密集，连接起各个村庄；因为河水一次次的冲刷，人们一次次的开拓，炊烟升起，稻米黍薯，人烟稠密，阡陌相通，老镇悠然……

所以人们都说，登沙河是一条母亲河。

况且几百年前，青云河也是流淌在这块小平原上的。在这里我提示一下：世界四大文明之一的"美索不达米亚文明"是什么意思呢？

"美索不达米亚"就是"河流之间"的意思，"美索不达米亚文明"的意思不言而喻。

附录：登沙河镇

位于县城东 33 公里。东与杏树屯，北与华家屯，西与亮甲店，西南与大李家等乡镇为邻，东南濒临黄海盐大澳。镇驻地登沙河镇街。镇以境内最大河流登沙河命名。辖 17 个村，1 个街道，42199 人，面积 101402 平方公里。

全镇属低丘慢岗区。登沙河、棋杆河和柳家河纵贯全镇南北，南下入海。河两岸多为冲积平原，土质肥沃，是全县粮油重点产区，粮油总产量均居全县首位，素有"金县粮仓"之称。

镇办工厂有农具、水暖件、造纸、塑料制品、开关、水泥预制件、皮革等厂家。开关厂生产 BSL、BDL 系列配电盘，是国家机械工业部品质产品。登沙河流域所产矿砂，具有耐酸、耐碱、耐压、凝固力强和含泥量小的特点，是海港建设和国防施工的重要建筑材料，年运出量达 10 万吨以上。县营企业有电机、化肥、阀门、拖拉机修配等厂。镇西郊铁路大桥两侧有林带，为县营马场驻地，是大连市唯一的金州马种马场。白家村有市营金州盐场登沙河分场。

登沙河火车站为金城铁路重点站之一，是矿砂、食盐及附近各乡农副产品集散地。镇内设有金县东部地区汽车客运中转站。登沙河镇是省市县爱国卫生运动的一面红旗，北关村20世纪60年代初曾荣获全国卫生先进单位称号。镇区设有金县第二人民医院。省重点中学金县第三中学驻此。

《金县志》大连出版社 1989 年出版

棋杆河上的大桥

登沙河上的大桥

柳家河上的大桥

登沙河海岸线与入海口

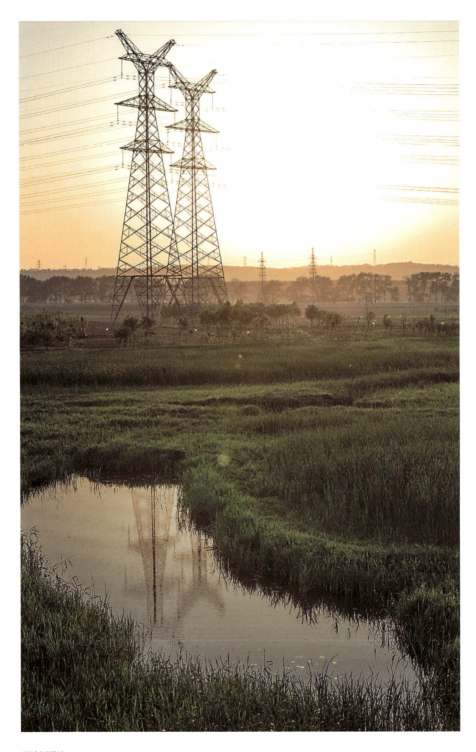

登沙河湿地

大河奔流出金沙

夕阳下的登沙河

洛出书兮河出图，
登沙河水淘千古。
辽金窖藏铜元宝，
大明烽火高台筑。
一方宝地兵家争，
几番倭寇此登陆。
往事回首血泪多，
如今谁人存家谱？

02

绵长如流　厚重如磐

登沙河 106 平方公里的土地就像一幅绵长的卷轴。

每一块斑驳或有残缺的青砖灰瓦、古木赭石上都刻画着古老的故事。海头社区那曾有着两棵高大的老银杏树的龙王庙，北关社区那只剩下土丘基座的明代烽火台遗址，棋杆底那栋有着恩怨情仇和人情世故的百年老宅子，正阳街那老火车站的影像和排列齐整的店铺，还有盐大澳入海口的湿地浅滩盐田……

但是，这块土地上的故事也许还真没有人详细地讲述过，没有人记录下来。尽管那些故事确确实实发生过，故事又是那样悲壮温婉而源远流长。

像风一样地刮过去了，像河水一样地流走了？

当你今天来到这里时，发现除了散落的村庄、纵横的道路和一片片农田果园等，似乎什么都找不到了。

泰戈尔说，天空中没有留下翅膀的痕迹，但鸟儿已经飞过。

汉墓与铜钱的诉说

1

脚下这块熟悉的土地是看得到、摸得着的。但是更早一些年的登沙河、历史上的登沙河到底是一个什么样子呢?

答案是:在秦汉至明清的历史朝代里,登沙河都有人烟,都有记录,也都有故事。

例如原高家村。

高家村是位于登沙河老镇偏南的一个村庄,村里有很多稻田。稻田,在金州地区现在不多见了。

在 20 世纪六七十年代进行农田基本建设时,高家村村民耕作时突然发现了一处汉墓群,而且是一下子就挖出十余座砖石墓的规模。其中挖出来的一些汉砖,被附近村民拿回家盖了房砌了墙。

汉代的砖石墓,可都是富户人家的墓葬。

据村民们描述说,汉墓的墓砖有的是带几何纹、乳钉纹,有的是带铜钱纹。一些先挖出来的随葬陶器,均被村民认为不吉利,打碎毁坏了。后来金州文物部门介入,发掘到一东汉时期的陶俑,这是一尊高 13.5 厘米的女俑,上身紧衣,下身宽袍,梳着鬓髻。

这其中的一座汉墓墓葬是呈正方形分布的,长宽各为 100 米,位于低山顶部，四周皆为耕地。在墓葬分布区内采集到汉砖、泥质灰陶片等诸多文物标本。经专家鉴定系东汉时期的墓葬。

从发现到现在已经几十年过去了，后来的耕作对墓葬群遗址有一定程度的破坏，所以地表上已分辨不出当年的墓葬分布区域。

汉墓群遗址是在高家村的上郭屯。墓葬群的那块地村民们都曾叫"老白地"。什么是老白地呢？就是在这里种庄稼总是欠产。为什么会欠产，因为下面有汉墓吗？

汉墓遗址北距登沙河街道至段家社区的公路仅60米，南距白家社区800米，西北距海头社区台底烽火台遗址2公里。

20世纪60年代中叶，墓群西北半山坡建有坟地，西侧尚存一虫王庙遗址和高家村小学校舍，80年代中期都已拆除。

我到高家社区上郭屯采访时，在那里只见一石碑，碑阳是"上郭屯"三字，碑阴是"登沙河镇人民政府立1986年5月"。那天下着小雨，一抬头，看见附近有一座废弃的水塔和高耸的移动信号塔，水塔上面还有过去年代的大字标语。

有汉砖和陶片的墓群，说明这里在东汉时期已经是一个人烟密集的村庄聚落了，这里应该是和史书记载的大汉辽东郡沓氏县有关。因为高家村墓群西南就有东沓汉城、董家沟汉城，往北还有张店汉城等文化遗址。

很多村子都发现过辽金墓，即土里埋的一个大陶罐，里面是骨灰。这是辽金人的墓葬形式。

2

1964年夏天，金州博物馆工作人员根据登沙河村民报告的线索，曾经在姜家堡子村的地下出土了一批铜钱，准确地说是金代正隆年间的铜钱"正隆元宝"，清理完用秤一称，总量有10公斤之多。

金代，也是距今800多年前啊。800年前这里就有一村落甚至也许是乡邑一级的所在，否则一处就窖藏在地下这么多钱，应该是什么人家呢？

登沙河区域那时属于金国东京路辽阳府化成县管辖。公元 1115 年金国初建时，辽南曾有 10 万军民武装反金而遭到镇压，史书记载，血流成河，尸满山谷。

公元 1216 年时，铁木真从草原崛起，金国北方尤其东北的政权都风雨飘摇。蒙古铁骑曾几次席卷辽东、辽南包括登沙河区域，这时远在中原的金宣宗完颜珣为了表示抗蒙的决心，把化成县升级为"金州"，意为"金国之州"。

大约就是在蒙古大军木华黎元帅的铁骑攻陷金州的至暗时刻，登沙河一家有钱人准备逃跑而避战乱，在万般无奈中把带不走的财富埋在地下而谓之窖藏。因为这些铜钱是正隆年代铸造的，据考正隆元宝是 1158 年铸造，所以可断定就是在这次战乱中发生的事情。可惜，主人一去不复返，铜钱地下恨悠悠。

几百年后这些铜钱被人们偶然发现才重见天日，这时，古铜币已经锈迹斑斑了。

这种铜钱圆形方孔，正面是"正隆元宝"四个字，背面无字，直径为 25 毫米，厚度为 1.63 毫米。

无独有偶，1972 年在金州向应乡大石棚村，又发现了一缸铜钱，窖藏时间也是金代，而且也有正隆元宝铜钱。

姜家堡子村不仅仅是有窖藏的铜钱，这里曾经还有一座土城。

明代的"堡"，就是小城堡。当时辽东地区是沿边设城堡墩台以障塞兵马。城，那时是指金州城，堡则是下边的小城，如姜家堡、三十里堡、牧城驿等，小城驻地的军事首长一般都是百户。

现在姜家社区有个屯就叫小土城子。早在 1961 年，金县博物馆工作人员去姜家堡子搞文物调查时，在这里就发现了一座辽金时代的古城堡遗址。

小土城子屯的土城遗址面积约 1 平方公里。据当地老人们回忆，城堡遗址是方形的，早年时依然能看出一点儿痕迹，附近还有一个演兵场。

1955 年，有村民在这里曾经挖掘出一把锈迹斑斑的铁刀。

人们不禁要问，姜家堡子，你的历史到底有多久远呢？

这块土地的下面还有多少秘密呢？

没有人知道。

东关屯出土的石器

阿尔滨村出土的石斧

石斧与陶罐的秘密

1

登沙河一带的文化史可以上溯到新石器时期。

大约一万年前,这里的先民便开始了由旧石器时代向新石器时代的过渡,而过渡的一个标志便是由打制石器转向磨制石器,另一个标志便是农作物的大量出现。

此时,远古的先民已经进入了稳定的群居生活,由于这里地处平原,土壤肥沃,气候温暖湿润,利于粮食作物的生长,为农业生产提供了条件。

在人类文明发展的初期,基本都是地理环境决定了社会的物质生产活动。

2019 年,为了纪念著名的望海埚战役 600 周年,我曾经和大连一竹传媒合作拍摄了一部纪录片《己亥 600 年祭——望海埚》。在那次拍摄采访中我了解到,阿尔滨村有一位年已古稀的独臂老人李德盛。

李德盛喜欢收藏奇石和制作根雕,从年轻时开始,他就在望海埚和大旺山附近到处转悠,结果搜集了大量的石斧、石矛、石刀、石杵、石磨等等。

李德盛家住阿尔滨社区,一排普通的民宅,他是中间户。进到他家院子里才发现,整个院落就像一座小型的露天博物馆。院子里有许多原始的农耕时代的石器，看得我也有些纳闷，是叫碌子还是碾子？是叫磨盘还是辘轳？还有一些各种形状的农耕小物件，挂在院子或者仓房的各个角落各个地方。

总之，根雕、石件琳琅满目，一个大院子里是满满的，让人叹为观止。

走进他住的屋子里，更精彩更让人吃惊。南面一间摆的全是他收藏的一些石器，包括有肩石斧、石铲、石锤、石凿、石锛、石磨棒、石球，等等。

李德盛介绍说，这些藏品有的是从望海埚、大旺山一带捡来的，有的是从更远的渤海岸线大魏家七顶山还有三十里堡亮甲店等地捡来的。他在正房屋里靠墙做了一排类似展览馆展柜那样的小柜，把一些打磨精致的石器锁在里面。

屋地中央是一个独木案台，摆着茶具和几把椅子用来招待客人。到这里参观的人总是不断，口口相传说这里有一奇人，凡是来这里的人都是文史爱好者和喜欢收藏者，大家是慕名而来的。

墙上还有一些书画，其中的几幅书法作品都是他本人写的，以隶书为主，古朴苍劲。在他博古架上面摆设的，都是他搜集到的一些观赏性奇石和各种根雕作品。李德盛开始是以喜欢根雕而入手的，远近的人都了解他，后来发展到搜集古人类的石器和其他方方面面，爱好非常广泛。

他的北屋比较暗，光线不好，这里有他收集来的一些老物件，包括日本殖民统治时期的一个圆箍小木桶，上面还有模糊的"株式会社"字样，还有很老旧的梳妆台和炕琴、柜子和各种小摆设，等等。

李德盛曾经领我到望海埚东侧的大旺山去做调查，我们在一片已经收割的玉米地里寻找了一会儿，就发现了一些小的碎陶片和打磨过的小石器块，石器虽然很碎小，但是人为打磨的痕迹非常明显，说明这里的文化层现在也非常丰厚。大旺山早年间因为搞建筑施工，很多石材被开采、被拉走，当成了建筑材料，文化层也受到了一定破坏。

2

当然不只是在大旺山下，我在北关村东北的四清山南坡也看到了一处大连市文物保护的石碑，因为这里也有一青铜时代的文化遗址。

据金州博物馆的资料介绍，这个青铜遗址分布面积约 20000 平方米，现在地表是东关屯村民承包的梯田和果园。但这个果园已经用丝网围起来，里面有很多苹果树和樱桃树，所以我们进不去。据说在梯田的断面上即可见到文化层的堆积。

当年文物工作者来考察时，这个遗址内的文化层堆积还是很厚的，曾经采集到石刀、石斧、石锛、石凿等石器，还有大量的陶器残片，根据残片器形可辨识为陶罐、陶壶、陶盘、陶杯、陶豆、陶网坠等，因此被鉴定为大连地区青铜时代双砣子文化时期遗存。

2013 年 3 月 25 日，东关屯遗址被大连市人民政府公布为第六批市级文物保护单位。

在高家社区的高家屯也有一处青铜时代遗址。

这处遗址在高家社区高家屯北金城铁路南 15 米处。据说当年修建金城铁路的时候对遗址破坏较大，因为铁路正好从遗址上穿过去。

这个遗址中心处在一慢岗地带，相对高度约 5 米，分布面积约 1500 平方米。因修铁路形成的断面上可见文化层堆积厚度约 15 厘米。

在这里文物工作者曾经采集到磨光的黑皮陶片、夹粗沙红褐陶残片，器形可辨为甗、罐、壶等。

李德盛的收藏和东关屯、高家屯的文化遗址说明了什么呢？

这些都说明，早在青铜器时期甚至更早，这一片土地上就有人类居住，就有我们的先人在这里创榛辟莽、以启山林，茹毛饮血、刀耕火种，形成了人烟比较稠密的聚落群。

望海埚大捷

1

这里，还曾经是大明王朝永乐年间著名的望海埚战役古战场。

古战场？是的。

600 年前，在登沙河流域的这块小平原上曾经发生了一次著名的战役，即明永乐年间的望海埚抗倭大捷。大明辽东总兵刘江在这里全歼倭寇 1500 多人，成为中日之间数百年战争较量中难得的一次全胜。

一说到这儿，也许马上就会有专家站出来一本正经地指出：不对，望海埚之战是在今天亮甲店街道金顶山村赵王屯……

看今天的行政区划版图，望海埚确是在亮甲店街道境内，但在中国古代的历史上，这块小平原从来就未被描绘为一个有着清楚边界的版图，而是一块自然地理空间，一处富庶的鱼米之乡。

认真研究当年的大战经过后得知，望海埚之战是向东向南铺展开来的一个大战场，主要是在望海埚城堡和现在阿尔滨村大旺山一带，也包括在登沙河口烧毁倭寇船只以及俘获残寇的海岸线。

那里，是现在登沙河的白家社区和山东头。

2

明朝初年，正值日本南北朝封建诸侯混战时期。日本沿海地区一些失意的封建主，纠集武夫、浪人、海盗、走私商人，携带武器，成百上千地到中国沿海各地进行骚扰，杀人放火，抢劫财物，无恶不作。北自辽海、山东，南抵闽浙、东粤，他们打家劫舍的袭扰史称"倭乱"，这些海匪被称为"倭寇"。

倭寇袭扰，其"来若奔狼，去若惊鸟"，烧杀奸淫，劫掠财物，无恶不作。据史书记载，洪武二十年（1387年）、二十六年（1393年）、二十七年（1394年）、二十八年（1395年）都有倭寇从金州沿海上岸，劫掠乡里，祸害百姓。此等挑衅，让大明王朝备受其辱。

金州卫本是明太祖设在辽东的第一个卫，明朝的所谓卫所，相当于现在的军分区。但即使有了卫所，也没有挡住那些倭寇入侵的脚步。

永乐九年（1411年）三月，朝廷忍无可忍，派刘江来当辽东总兵，负责辽东防务。

刘江，宿迁（今江苏省宿迁市）人。本名刘荣，因替父参军，故冒父名刘江，后来立功授广宁侯，才改用初名刘荣。

刘江智勇双全，深得永乐皇帝喜爱。"靖难之役"时，刘江跟随燕王朱棣冲锋陷阵，屡立战功，由百户升为都指挥佥事。永乐八年（1410年），刘江跟随朱棣出征塞外，消灭元军残部，进攻时冲锋在前，退却时横刀断后。因表现出色，朱棣派他去镇守辽东。

刘江上任伊始便巡视海防，永乐十四年（1416年）十二月，于旅顺口、望海埚、左眼、右眼、西沙洲、三手山、山头等地修建烽火台7座，派兵防守，以防倭寇。

早在明洪武八年（1375年）大明建金州卫之后，大明就以金州城为中心修建了5条烽火联络线，分别通往石河驿、望海埚、归服堡（今普兰店区城子坦街道）、红嘴堡（今普兰店区皮口街道）、柳树屯，筑有烽火台、墩、架 95 处。

刘江所筑的望海埚城，是一座用于军事防卫的小城，位于海拔 116 米高的丘陵上。城平面椭圆，形状如瓮，北窄小而南宽大。城墙周长约 200 米，下部是石垒，上部是砖筑。北面为烽火台，南面为城门，城东侧为军马营。

望海埚同时又为一中心台，下隶 18 处墩架。现在登沙河区域的北关、海头、段家三处烽火台就是一条直线到海边，也是望海埚堡最重要的一条防线。

烽火传递讯息的速度加之城堡的坚固，为望海埚大捷奠定了基础。

望海埚山下是金皮大道，是古时沿海通内地的必由之路，可谓咽喉要冲。这一带得益于登沙河、青云河之利，耕田肥沃连片，村落密集富庶，是明代金州经济最繁荣的地区之一。因此，这里也成为倭寇抢劫的"重灾区"。

3

明永乐十七年（1419 年）六月十四日傍晚，瞭望哨报告，发现东南王家岛上有火光。刘江预料倭寇将要进犯，立即调兵遣将，严阵以待。当时，整个金州卫驻有步军 1756 人，屯田军 2020 人，煎盐军、炒铁军近百人。

第二天清晨，倭寇 1500 余人，分乘寇船 30 多艘，从王家岛出发到登沙河海口，然后弃舟登岸。倭寇一头目率领部众成一字长蛇，鱼贯而行，直扑望海埚城堡。

此时，刘江早已做好了全歼倭寇布防，他令指挥使徐刚等率领步军埋伏于大旺山下；令指挥使钱真等率领马军绕到倭寇背后，准备截其归路；令百户姜隆率领壮士，绕道到登沙河海口，准备潜烧倭寇所乘船只。刘江同马、步、民三路首领约定"旗举伏起，炮鸣奋击，不用命者，以军法从事"。

马、步、民三路指挥遵令而去。

当倭寇窜入望海埚城堡中，发现堡中空空如也，疑心中计，正欲出堡。恰在这时，刘江所部旗举炮鸣，伏兵尽起，两翼并进，杀得倭寇鬼哭狼嚎，尸体遍地。

残寇不敌明军的追杀，便向樱桃园（后称柳树园村）空堡中逃去。明军将士斗志昂扬，正要追入樱桃园空堡中歼敌，刘江却不许。他亲率官兵从三面将空堡围住，有意留出西北口不守。残寇见有隙可乘，争相逃命。正在残寇你推我挤往堡外逃奔之时，明军的马军与步军一拥而上，把残寇几乎一网打尽。少数逃出空堡的倭寇退到登沙河口，也都被姜隆率领的烧寇船的壮士们逮住，无一逃脱。

此战刘江率官兵总计消灭倭寇742人，生擒857人。刘江下令用50辆大车载运俘虏，胜利地结束了望海埚战役。

望海埚大捷后，刘江向朝廷报捷。朝廷封刘江为广宁伯，子孙世袭，还分别奖赏了294名作战有功的将士。这场战役在《明实录》《全辽志》《辽东志》等都有记载。

金州先民为了纪念刘江，在金顶山为他立祠，修建真武庙，为刘江塑真武神人像，并刻石撰文，彰其功德。望海埚也成为一处重要的爱国主义教育基地和旅游景点。

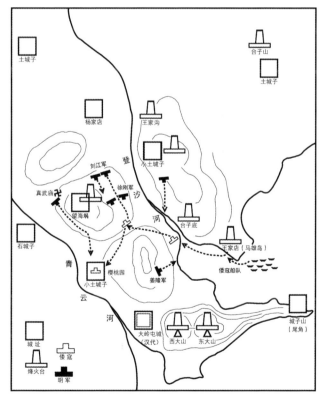

日本学者三宅俊成手绘的望海埚战役示意图

望海埚一仗，是明初对倭寇作战最大的一次胜利，此战役让倭寇主力伤亡殆尽。望海埚大捷，从此让倭寇再也不敢从金州上岸。倭人改为南下，后来才有了山东戚继光抗倭的故事。这样说来，刘江抗倭比戚继光抗倭早了100多年，刘江也是比戚继光更早的抗倭英雄。辽东的百姓着实过了几十年安生日子。

过去，大连一些史料记载多是推测倭寇上岸是在青云河口，然后直奔望海埚城堡。

然而这件事还真有个大逆转。

日本有一个历史学者叫三宅俊成，他曾经在大连和金州生活了20多年，曾在金州南金书院当教师，那时他做了大量的考古勘探和文物调查。1945年回日本后，他写了一本《在满二十六年——遗迹考察和我的人生回忆》的回忆录。在这本书中他手绘了一张当年望海埚倭寇登陆上岸的示意图，明确指出倭寇就是在登沙河口上岸的，而且夜间是在马坨子岛进行的篝火宿营。

4

在这次战役中，刘江属下官员中出现了一个百户姜隆。

总兵刘江的职务相当于现在的部队军区司令，下辖辽东25个卫，而卫所相当于现在的军分区，金州卫仅是其一。通常情况下，卫所之下有5个千户所，千户所之下是百户所。

在望海埚战役中，史书留下姓名的除了刘江，还有指挥使钱真和徐刚，刘江来不及调动外地兵马，所以百户姜隆才得以露面。

《辽东志》记载："江……复遣百户姜隆以奇兵伏山下邀其归路。"

这个"姜隆"，也许是明代史书《辽东志》里仅有的一个百户姓名，他是因这场战役而留名的。仔细考察还可以发现，姜隆，就是姜家堡子人，即现在登沙河的姜家社区人。

"堡"本就是土城堡之义，辽南地名中带"堡"字的不多，查姜家堡子村确实有明代的土城堡遗址。由此还可推断，姜家社区的姜姓是明代就留下来的一支姓氏，这在登沙河一带是不多见的。其他以姓氏命名的村屯，人口多是清代雍正乾隆年间移民过来的。同时我们还要了解，以姓氏命名的村屯不一定就是这个姓氏的人家占多数，常常是用聚落里的强人来命名的。

明代在辽东实施卫所制，百户为世袭军职。他们平时屯田，战时为兵，百户统兵为100余人，武官正六品吃皇粮，相当于现在的村主任兼民兵连长吧。而百户所，就相当于现在的村委会办公室。姜家堡子距离望海埚不到4公里，刘江就近调动了这个堡子的屯田军去烧船。

在真武庙，1589年所立的纪念刘江那通石碑碑文也有记载"姜公烧其船"。姜公，说的就是这个百户姜隆。在1506年的《得胜庙碑》残存的碑文里也有"麾下令千兵姜公焚烧其船……"的字样，这里的"千兵"实际就是千户。

在《奉天通志·人物志·乡宦表一》卷一百九十四中记载有关于姜隆的记载："金州卫人，为本卫千户。"这些都说明，在那场大战之后，他由百户升为千户了。

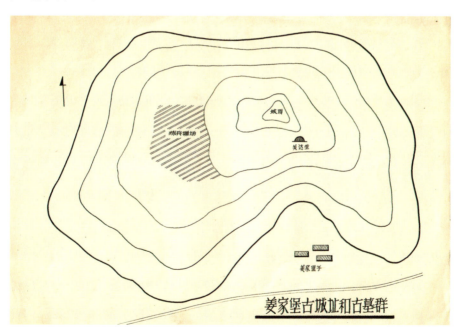

姜家堡古城址和古墓群示意图

5

刘江辽东抗倭时期在登沙河区域修筑了三座烽火台。

金州地区的烽火通信，明初时即形成一定规模。当时为防御倭寇的骚扰、劫夺，在渤海与黄海岸线都修筑了许多烽火台，构成以金州卫为中心，南到旅顺口、北到辽阳、东到九连城的三条烽火干线。

据《全辽志》记载，大连地区共 12 座中心烽火台和 139 座分台、墩、架遍布于金州、复州、旅顺和庄河等地。据《辽东志》记载，明代金州卫城堡墩架操守官军 1726 人，一般情况是每墩台配置烽神一人、烽副二人、瞭守官兵若干人。

登沙河区域的烽火台分别是：

海头村台底屯烽火台、段家村李家屯烽火台、北关村台前屯烽火台。

其中的两座烽火台在《辽东志》上有记载：

"老鹳嘴台"，就是海头村台底屯遗址；"旧老鹳嘴台"就是段家村李家屯遗址。

遗憾的是金普地区绝大多数烽火台都没有完整保存下来，登沙河这三座烽火台也都是仅仅留下残存的基座。

我前去探访的时候，北关的烽火台遗址是位于台前屯东北 2 公里处的一个丘陵上，现在这里已经看不到烽火台主体了，仅可见高于周围而形成的一个圆形凸起。据说在地面上还能找得到汉代绳纹砖、花纹砖、布纹瓦等残片，花纹砖有菱形、叶脉形、三角形等纹饰。

听当地村民讲，附近耕土下曾有砌烽火台的石条，以前这里还有"高丽坟"，即高丽的骨灰罐。但烽火台石条早年被当地农民拆除作为他用了。北关村的台前屯就是因为屯东北有明代烽火台遗址而得名。

海头村的烽火台遗址在台底屯东的公墓内，现残存土石混砌台基高约2.75 米，残存面积达 100 平方米，周长 36 米。烽火台原为圆形石砌台，台下有土石混筑的台基，现残存台基处仍可见夯土和夹杆石。

应该说明一下的是，这个烽火台残基顶部曾经有苏联驻棋杆底机场空军设立的测量"三角点"的标志，很高的一个铁架子，现在也没有了。

段家村的烽火台，又称"旧老鹳嘴台"，现在是在一个部队的训练场院内，我们去看时进不去。据说也仅存略呈方形的台基，夯土台基残高约1米，残存面积约120平方米，在夯土台基的上层为现代堆积。

1946年，驻守在这里的苏军利用烽火台台基建了一座瞭望铁塔，铁塔高数十米，现已不存在，仅存水泥地面。遗址东2.4千米处即为黄海。

6

在明代军屯制度下，登沙河这里还曾是大明的养马场，也是生产军粮的地方。说养马场，最重要的一个证据，就是这里有一个马蹄子村。

明代辽东马政管理机构即辽东苑马寺是在辽阳。苑马寺下设6个监，大连地区有永宁监，监下面设苑；永宁监最盛时养马3万多匹。

后来辽东苑马寺由辽阳迁至复州，再后来又迁到金州，金州成为辽东名副其实的马政中心。因此，金州很多河谷盆地平原都被辟为牧马场，留下了许多与养马相关的地名，例如登沙河马蹄子村，三十里堡马圈子，大连市内马栏子、马栏河，等等，都是明代马政文化历史留下的痕迹。

1926年，日本出于侵略战争供应军马的需要，于金州东门外建立了"关东种马所"。1936年又在得胜上江屯、大魏家村、亮甲店柳树村、朝阳寺、华家屯设立副所，先后引进种公马百余匹。其品种主要有"阿拉伯""安格鲁诺尔曼""哈克尼""奇兰特"等纯、杂种。

1945年8月至1948年间，金州马处于自流横交时期。1948年12月，金县政府于金州北门外建立种畜场，继而又在三十里堡、登沙河各建1处种畜场，从民间选购种马送往各地配种。经过8年繁育，金州马群素质得到提高。1960年，全县对金州马进行三次普查，有计划选育，在登沙河建立种马场，从民间挑选种马。各公社均建立马匹改良站，实行人工授精。全县对马匹登记造册，进行后裔测定，搞好选种选配，金州马最终育成。

登沙河出土的青铜时代文物残片

登沙河老镇的正阳老街

登沙河附近遗迹分布署图

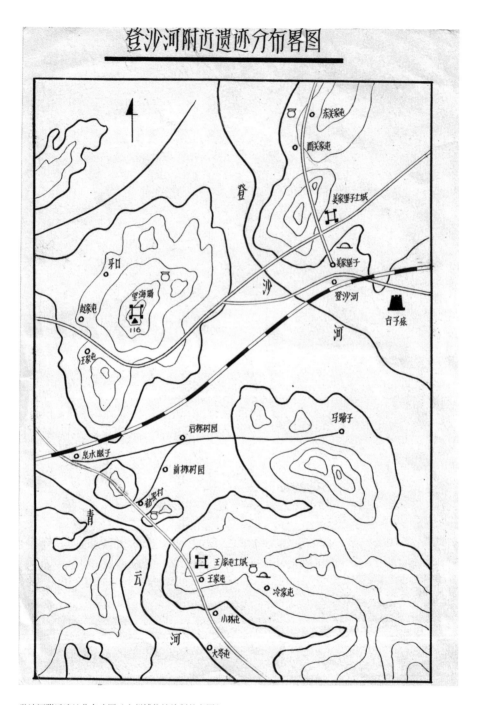

登沙河附近遗址分布略图（金州博物馆绘制的老图）

①	②
③	④
⑤	
⑥	

①　登沙河出土的清代铁器

②　棋杆村老宅子的博风板

③　苏军遗留下的空军靶座点

④　至今还保留的小土地庙

⑤　登沙河李家屯烽火台遗址

⑥　北关村东关屯遗址

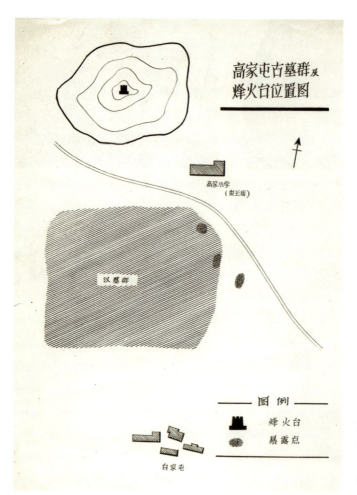

高家屯古墓群及
烽火台位置图

高家小学
(虫王庙)

汉墓群

图 例

烽火台
暴露点

白家屯

上图，高家屯古墓群及
烽火台位置图

下图，李德盛保存的老
物件

上图，阿尔滨村村民的老物件

下图，李德盛收藏的老物件

一河一路一校，
堪称老镇三宝。
铁路集散物资，
火车带来新潮。
文体名人巨多，
三中群星闪耀。
回忆往事悠悠，
仿佛时光之桥。

03

铁路集散　金中聚才

"一河一路一校"，这是老登沙河人念念不忘的三个地理历史的标志。"一河"当然是登沙河；"一校"则是金县三中；而"一路"说的就是当年的金福铁路。

　　为什么这样说？因为有了金福铁路才有了现在的登沙河老镇；有了金福铁路，登沙河和棋杆河、柳家河三条河入海而形成的大大的"川"字中间有了一横，这就变成了一个大写的会意字"州"。

　　或者也可以说，金福铁路的三个车站即亮甲店、登沙河、棋杆底，就是"州"字的那三个点。

当年的金福铁路标志

铁路开通老镇雏形

1

上溯到更早的岁月，那时从金州古城到东部的登沙河，只有一条土路即金猴路。

这是金州境内斜贯黄渤两海的一条县级公路。

这条路以金州城内客运站为起点，经斯大林路、八里桥，然后往东南环绕大和尚山南麓延伸，再经马桥子转向东北，经石棉矿、湾里、董家沟、江村、大李家、姜家堡子、登沙河、棋杆底、卧龙屯至猴儿石小码头，故名金猴路。

金猴路路面宽6—7米，全长67公里。有大桥3座：156米长的姜家堡子大桥、105米长的大岭底大桥和102米长的柳家桥。

日本殖民统治时期为了侵略和掠夺资源的需要，后来曾将金猴路辟为警备道，也叫"福岛道路"（福岛，即"关东州"第二任长官福岛安正，他力主修建"关东州"内的公路网）。当时这条路路基狭窄，路面不平，于是建造了大中小桥31座、涵洞94道。

因为登沙河属于普兰店管内，1923年12月1日，普兰店的"古江丰记"私营车行开通普兰店至登沙河的客运线，每日往返五次，四季定时通车。

金猴路之前更古老的是金皮路，即金州到皮口的路（实际这条路是以旅顺为起点的），这也是从汉唐时期以来就有的一条古驿道，汉朝时攻打卫氏朝鲜和唐朝时攻打高句丽，都是从旅顺、金州再往皮口和丹东方向推进的。

因此金皮路是历朝历代在辽东用兵行军的一条主要路线，及至清代已形成大道，有相当大的交通量，也是金州通往丹东去朝鲜的捷径。那时由山东等地渡海而来的移民和谋求生意的行旅，都是走这条路线直奔丹东的。

1905年日本侵占金州地区后，将城子坦至丹东路线改为国道，将金皮路改为警备道，在公路沿线如刘家店、亮甲店、华家屯、粉皮墙等地设置警察官吏派出所，强迫百姓修整此路，改善交通状况，以期达到占领中国和掠夺财富之目的。

1945年大连解放后，由于行政区划的变更，此路线改为金粉路（即金州至粉皮墙）；1960年以后，新金县划归旅大市领导，这条路也随之延伸至皮口，从此定名为金皮路。

金皮路并没有直接经过登沙河镇辖区。那时从金皮路中途下来再往南走约5里小路才能到登沙河镇（也叫福岛道路支线）。但小路从明清时代就有，类似于田间阡陌，当时叫"径畛"。

一直到1980年时，根据国家交通部的决定，将旅大南路、磊河路中段、金皮路、丹普路等组成贯通东北三省的第二条交通要道，这就是鹤岗至大连公路，简称鹤大路，即201国道。

2

1915年，出于掠夺资源的需求，日本人开始准备修建一条金州至城子疃（今城子坦）的铁路。

当时旅大属于日本租借地，但理论上领土主权和筑路权仍属于中国，在中国的土地上修建铁路，从法理上讲是要经中国政府同意的。

怎么办呢？他们就想到了瞒天过海。

南满洲铁道株式会社（简称满铁）与"关东州"第三任长官伊集院彦吉商定，为了减少与中国官方的交涉纠缠，由有中国人参与的民间公司先把"关东州"域内这段铁路修通，终点位置定在位于"关东州"东北界线上的金州民政署貔子窝（今普兰店区皮口街道）民政（支）署管辖的城子疃。

满铁当时承诺，对修建这条铁路的私营公司，前 5 年会给予资金补助，时间从铁路动工修建之日算起; 并给予这条铁路以南满铁路待遇及大连港（当时大连海港属满铁管理）相同优惠条件。

这条铁路据说最早是由日本大企业家根津嘉一郎策划发起的，他也是日本的"铁道王"。但是到了 1924 年春，却是日本资本家门野重九郎与一些中日人士向"关东州"当局提出共同修路申请书。

1925 年秋，由日本资本家与中国人合资的金福铁道公司在日本东京成立，注册资本为 800 万日元，公司的办事机构就设在金州。公司股票也在日本本土和"关东州"同时发行，中国人和日本人均可持股，但公司最大股东是日本的大仓财团（大仓财团在二战后驻日美军实施分散、化小日本财团政策时被弱化，后与其他财团重组进入了富士财团）。

金福铁路当时发行的股票一股为 50 元，中方的股东有金州和貔子窝两个地区的一些大老板。例如，金州天兴福老号的邵氏兄弟等，都是认 100 股；还有"大连八大富"中的李子明、刘仙洲和迟子祥等人，也都是股东。也有资料说，亮甲店大地主巴树声也是股东之一。

根据事先约定，有关这段铁路的测量和设计工作必须由金福铁道公司委托满铁来进行。所以在征地和批准施工方面"关东州"都给予了大力协助。

在铁路设计过程中，普兰店民政署下的亮甲店会会长巴树声，通过"关东州"的大汉奸刘雨田（绰号"刘秧子"，也是股东之一）买通了日本铁路设计师，将原本不经过亮甲店的直线铁路绕弯 4 公里多而途经亮甲店。

1926 年春，金福铁路正式破土开工了。开工仪式是安排在金州古城东侧的南金书院里举行的，仪式之后所有股东又合影留念，搞得很隆重。

铁路的土建工程部分是由当时大连最大的崔姓工程承包商来承包。他是大连工商界的头面人物，当年"关东州"开发城子疃水稻工程的堤坝就是由此人承包完成的。铁道铺设部分是由日本的大仓组和神谷组两家建筑公司负责。

1927 年 10 月 1 日，金福铁路正式开通。

建成后的金福铁路即后来的金城线是标准轨距单线铁路，其接轨站建在金州古城东门附近，离金州老站 3 公里，故称金州东门站。

金州东门站旧址还在，只是岁月剥蚀，风光不再。走到附近，如果你不注意也许会忽略过去的，它像一个老者蹲在角落里晒太阳，一副懒洋洋的样子。

这条铁路线出东门站后，西傍南满铁路（今沈大线）并行向北，至二十里台附近后，以路桥跨越南满铁路抵牛角山站后，东向沿着海岸线至城子疃，全线长 104 公里。

根据当年的资料，金福铁路行车站序为：

金州驿（满铁线）—金州东门驿—牛角山驿—广宁寺驿—蚕厂屯驿—亮甲店驿—登沙河驿—棋杆底驿—杏树屯驿—宫之宿驿（简易驿）—大刘家驿（简易驿）—清水河驿—李家屯驿—魏子窝驿—夹心子驿—城子疃驿。

"驿"为日文中的当用汉字，汉译为车站。"简易驿"按现在铁路行业术语译作乘降站。

城子疃站因为是终点站，站内的必需设施应有必有，像调车场、上水井、煤场、卸炉渣场地、换乘人员宿舍等一应俱全。

后来沿线停车站又变化为：

金州—金州东门—广宁寺南（原广宁寺）—亮甲店—登沙河（与丹大快铁共用）—杏树屯（与丹大快铁共用）—皮口南（原皮口）—夹心子—城子坦东（原城子疃）

金福铁路是租用满铁机车来营运的。据史料记载，这条线路成了辽东半岛黄海沿线最重要的物资运送通道，运送的主要物资有花生、大豆、豆粕、家畜、大米、石材、矿石、鱼类和盐，等等，所以登沙河站成了老金州东部的交通枢纽和物流集散地，为当时东部地区的粮食、花生、水果、水产品、食盐、建筑沙运输打开了一个通道。

依托登沙河火车站形成的老镇也由此逐渐成形。

1928年金福铁路客运量是22.6万人次，货运量95977吨，主要是发运食盐、花生、沙石。开始运营时亏损，这也是正常的情况，1937年归入满铁后始有盈利。

1937年5月20日，满铁用现金将金福铁路收购，为和南满铁路其他线路的名字相吻合，改称"金城线"。

1945年，金城线由大连市政府接管，因国民党军封锁旅大地区，金城线在登沙河以北曾经被分割为两段，当时列车只能通到杏树屯，1953年后才全线通车。

20世纪80年代，庄河市开始修建城子坦至庄河段，从城子坦站以南引出新线至庄河站，新设城子坦南站，使原城子坦站孤悬于金城线终端。

2009年4月起，每天与大连站间开行一对普通旅客列车（6333/6334次），该趟列车自2015年4月9日起停运。

3

登沙河区域位于金州古城东部，过去普遍是重农抑商的观念，小农社会的封闭意识非常强。

日本人在修筑这条铁路之前所做的策划文案，也说到主要是为了这个地区"当于农业盐业上大有裨益"。

这条铁路加快了登沙河地区农业生产的商品化步伐，扩大了商品流通和贸易。过去这里的农业生产只是局限在满足农民自己的生活需要，将剩余产品投入市场进行原始的物物交换，那时主要形式就是几个村屯之间的大集，所以除了河口处的海路运输外，内陆的农产品几乎无法运出。铁路线的延伸，加快了金州东部地区农业生产商品化的步伐。

铁路在输出农产品的同时，也利用运输之便将俄国的煤油、英国的洋布等工业产品运销到这里，总之，是扩大了商品流通，加强了城乡之间的联系。

还有资料记载，南临登沙河海口的这一片，明代时曾为泊船之地。近代海水后退形成宽阔草滩，地势平坦，土肥水丰。金福铁路通车后在此设立登沙河火车站，使登沙河火车站一带一夜之间成为金州东部的交通枢纽、物流集散地和中转站，并开始辐射附近的华家、大李家、杏树屯等地。

车站建成后不久，就吸引了一些商家纷纷涌进登沙河火车站站前，有的自立门户，有的设立分号。随之邮递、电话、供电、旅店以及绸缎庄、杂货铺、药房、饭馆等工商业及生活配套设施也应运出现，形成了现在登沙河正阳街两侧店铺林立的景象。

解放前这里就有3条街路，解放后几经发展，镇区逐年扩大，今有街路12条，商业网点密集。

金福铁路的修建还带来了登沙河人观念上的一些变化。

相对封闭落后的人们对西方先进技术的态度由排斥转为欢迎，"父母在，不远游"的观念也开始崩溃，一些登沙河人也由此开始走出去。还有一些礼节上习俗上的变化，如过去是跪拜长揖盛行，而铁路开通后，相见均行脱帽鞠躬礼等。

总之，铁路的修建推动了一些新兴城镇的崛起，登沙河就是如此。

在金州，原来的南满铁路纵横南北，新修的金福铁路则横贯东西。

金县人、伪满洲国文教部大臣卢元善就曾在1927年兼任过金福铁道公司的监察，前后历时三年时间。

日本考古学家三宅俊成当年在金州古城里的南金书院当教师，他后来出版的《在满二十六年——遗迹考察和我的人生回忆》一书中，曾记载了那时的他乘坐金福铁路的列车去发掘大岭屯汉城遗址的过程：

昭和七年（1932年）十月三日。在调查正明寺会城儿山之城后往回走的路上，踏查了大吴家屯部落的南大岭屯的高丽城，结果也意外地从城内田地里以及城墙壁里发现了石器、土器及汉代的瓦器，并确认了它为汉代的城址。

把附近的正明寺会的普通学堂（小学校）作为本部大本营。每周星期六的下午，在金州东门的车站上车出发，16 点左右在登沙河车站下车，然后向东北方向步行 10 公里，到达正明寺会普通学堂。住一晚上，早上 7 点开始挖掘，到 16 点结束。坐上末班列车，回到家就已经是晚上 8 点多了。

三宅俊成能发现大岭屯汉城遗址，就是得益于这条铁路的便利。

初始时金福铁路列车一天两个往返，单程需要 5 个半小时。由于乘客很少，每个班次都实行客货混运，发送的货物主要是沿线的物产如海盐、石料、粮食和腌鱼等。金福铁路通车伊始的第一年营运亏损，收支、支出两相比较，尚亏 100 多万元，但第二年营运即有盈利，并可抵消第一年的亏损。

有记载，至 1943 年大连至城子坦的铁路客车一天就有四个往返，且夜间城子疃站还有驻站火车，以备第二天早晨与大连站火车对发。

当年火车站站长和运转等主要行车部门工作多由日本人承担。1945 年大连地区解放后，金福铁路与南满铁路一起被苏军接管，主要技术岗位由苏联人替代了。

1946 年至 1947 年间，普兰店一带变成国共交战拉锯区，附近的铁路线路和车站设施都被战争破坏。因杏树屯以西在苏军管区内，所以大连开出的火车只能开到杏树屯车站，城子疃至杏树屯区间的铁路停运。到 1953 年秋天，杏树屯至城子疃的铁路通车。参加修复工作的部分苏联铁路专家随通车典礼的火车来到城子疃火车站，受到车站职工和城子疃群众的热烈欢迎。至此，金城线又全线通车了。

我在 2020 年夏天去采风时，曾在棋杆底那条荒废的铁轨线上走出了很远。边走边观察，路基已经长满了野草，铁轨上的一些标志已经不是日伪时期的标志了，这说明解放后铁轨换过了。

2002 年 4 月我还在大连开发区报社工作时，曾经采访过一个日本老太太三村千鹤。她是在大连出生的，后来嫁给了满铁一员工，1945 年遣返回日本后也一直放不下大连情结。

那一年，84 岁的三村千鹤又来到大连旅游和访旧，我得以有机会去采访她，她就提到她丈夫曾经在这条铁路线上工作过，是做信号工作的……

4

位于老镇中心的登沙河火车站，始建于 1925 年，建成于 1927 年，它是金福铁路线上的第七站，也是一个重要节点。

最初的登沙河老站看老照片感觉不大，大概也是因为那时能坐火车的人很少。后来的火车站则是一栋二层红砖建筑，具有日本官厅式建筑风格，很有特色，这说明在解放前火车站就进行过改造升级。

火车站建筑旧址占地面积约 2500 平方米，建筑面积约 500 平方米，东 15 米处为铁路家属的平房，西 5 米处为火车站内建筑（厕所、仓库），南 20 米处为金城铁路东西贯通，北临登沙河街道内的居民区。

直到 20 世纪末，老火车站都是一派繁忙的景象，每天来来往往的旅客从这里走出去或者从这里走进来。

我不知道当年有多少青年人就是坐着这趟绿皮火车离开了家乡，远离了这块土地去亲近城市。但是骨子里那份浓浓的乡愁却已经深植，承载这份乡情的，就是这趟从大连开往城子坦的绿皮火车。

那时嫁到金州城里或大连市里的媳妇们，逢周末都会坐绿皮火车回娘家，在棋杆底长大的大连市作协副主席孙学丽曾经这样写过：

那时候火车没有座号，谁能抢座位是谁的。因为父母带的东西多，总是挤不上车，抢座的大任就交给我了。因为我个子小好往车上挤，我常常是最先冲上火车的，我先找好一个座位，把书包衣服什么的往座位上一放先占着，然后再在对面的座位上躺下，一下子就能占上一排两三个人的座位，这样我就万事大吉了，只等着爸爸妈妈上车了，我再把占好的座位交给爸爸妈妈。每到这时，爸爸就抱抱我说，哈哈，胖丫头，好闺女，爸爸没白疼你啊。

那时候火车的速度较慢，从大连到棋杆底感觉要晃荡好几小时才能到。有时候大家在车上会遇到亲戚或者老乡，一会儿，大人们就会聚到一起讲闲话聊闲天，孩子们则都滚成一团在车厢里跑来跑去，车厢顿时乱成糨糊。那时候没有电话，快过年时，有时候会提前写信回家，告诉家人什么时候坐几点的火车，老家就会派一些闲来无事的孩子辈的人到车站去接站。但有时要是忙忘记了写信，老家人也不急，从腊月二十六七开始，让孩子辈们往火车站跑，反正每天就两趟车，如果今天没有接到明天就会接着去，直到接到人为止。车站上到处都是接站的大人孩子，火车一来，个个大呼小叫的好不热闹。棋杆底是小站，只停留一两分钟，而且每天只有两班列车停车，一班是下午四点，另一班是晚上八点，如果这两个时间段赶不上，还可以乘坐在登沙河停车的火车。登沙河是大站，经停的火车多，但是从登沙河到棋杆底的公交车也只有两班，如果赶不上，就得从登沙河走到棋杆底，要走很长时间……

"登沙河"三个红字曾写在二层小楼的车站墙上。在铁路一次次提速、高铁唱主角的当下，绿皮火车的身影已经越来越模糊了，而这个曾经的四等车站也因为高铁开通而彻底消失了。

老一代的绿皮火车

登沙河老火车站前的留影

金福铁路的起点站金州东门

原金皮公路柳家河桥原貌

最早的金皮公路登沙河公路桥

金福铁路登沙河车站

当年金城线的沿线车站名和停靠时间

当年大连到登沙河的火车票

金城线掠影

三中育才群星灿灿

登沙河人杰地灵，尤以当代企业家辈出而形成一个令人瞩目的登沙河现象。

为什么这里会有企业家成长的土壤气候和环境？或者说这一现象的源头在哪里呢？

1

我听到过这样一个小故事。

登沙河籍的一位著名企业家在上小学时曾辍学，但他的老师却不放弃，和他讲应该继续上学读书将来才有出息的道理。孩子课程已经落下了很多，老师又给他单独补课，于是这个孩子重新上学了。

他在几番打拼终于成长为大连一著名企业家之后，曾去找过当年的这位老师，才知道老师已经去世了，面对师母，这个企业老总潸然泪下……

在清末民国时期，登沙河就是诗书之乡，这里有很多有名的私塾先生和文人；在当代，登沙河的金县三中是响当当的省重点中学。

登沙河的中学为什么被称为金县三中呢？

1939年3月，日本殖民当局在金州城内办了一个女子高等公学校，到1945年日本投降时止，共招收7届新生约700人，毕业3届近300人。

1945 年 8 月日本投降，9 月金州城内建了一个"育英学院"。学院的学生多是古城原"金州高女"和"金商"、"金农"、"旅顺高公"、"大连商堂"等校的辍学生。同年 11 月，这个学校由"金州维持会"接管，改称南金中学。1946 年 1 月，又由金县政府接管，先是称金县县立中学，后又改称金县第一初级中学（简称一中）。

1945 年秋，三十里堡的一些地方人士筹资创办小学，学校附设初中部。"金州维持会"接管后，将该初中部单独成校，称之为"三文"中学。1946 年年初，金县政府接管后，改称金县县立第二初级中学（简称二中）。

1948 年 3 月 15 日，在登沙河创立的又一所初级中学就排在第三位，简称三中。

那时金县 3 所中学，共 24 个班，1007 名学生，41 名教师。

金县三中在成立之初招收学生 133 名，这其中还包括由金县一中转来的 39 名学生，共设 3 个班。首任校长是张新，教导主任于及川，校址就在登沙河老文化馆的后院。

1948 年 12 月，金县三中发展了第一批学生党员：范勇昌、张福生、李连兄、关正世。而范勇昌就是后来的大连市副市长，也是大连开发区的创始人之一，他的故事后面还要细讲。

1949 年秋季，因为很多穷人的孩子都可以上学了，校舍就成了问题。为了支持办学，登沙河区政府把大院给金县三中当教室，这下子条件改善了很多。

三中在建校初期，只有十几间民房，条件十分简陋。后来迁到大院有六七十间民房，充裕了很多。

1958 年秋，新校舍建成，原来的校舍便成为初中部。那时原金县七中（杏树屯）、十中（华家屯）都曾是三中的分校，后来才各自独立的。

在 20 世纪 80 年代初期，金县共有 5 所普通高中。按照省市教育行政部门的评估结果是这样的：

金县三中，辽宁省重点高中；

金县二中，大连市重点高中；

金州高中，金县重点高中；

金县一中和金县四中，普通高中。

按现在的说法，金县三中才是真正的学霸型高中，远近闻名，桃李芬芳。

2

金县三中的辉煌历史可以列很长的一个单子，我只能选其中的几个片段来呈现吧。

1983 年 6 月 29 日，《大连日报》第一版以整版篇幅报道了金县三中，以《金县三中——振兴经济培育人才的乡间中学》为总标题，发表了 6 篇文章、6 幅照片来介绍金县三中的办学经验。

1983 年 12 月，中共大连市委、市政府授予金县三中"先进学校"的光荣称号，奖给"先进学校"奖牌一块，奖金 1 万元。

1987 年，三中董长镇的高三历史课被评为辽宁省一等优秀录像课，郭世洲的高三生物课被评为大连市优秀课，张田来的高三日语课被评为大连市优秀课。

1988 年 8 月，金县第三中学更名为大连市一○三中学。

1990 年正月初一，大连市市长魏富海来视察农民企业家马永日集资为学校建设的新教工家属住宅楼。

1990 年 5 月 25 日，1952 年的三中毕业生、空军少将滕连富回母校视察。

1994 年 9 月 10 日，丛吉长老师被辽宁省政府评为辽宁省优秀教师，同日被辽宁省政府批准为辽宁省特级教师，后来又被评为全国教育系统的劳动模范。

……

说到金县三中，大家知道最著名的人物也许就是曾在三中当过老师的吴明熹。吴明熹在三中教学 20 多年，先后曾任教导处副主任、物理教研组组长、校办工厂厂长等职务。三中之后他又调到金县一中当副校长，后来任金县教育局副局长、县政协副主席；后来又任大连市副市长，再后来就是到北京……

2007 年 4 月 29 日，身为中国致公党中央副主席、全国政协常委兼副秘书长的吴明熹曾经回母校三中视察，受到了三中师生的热烈欢迎。

我了解到的三中师生成名成家的还有很多。

书法家卢杰，他是高级美术教师，也是中国书法家协会会员。

卢杰的书法作品入选过很多国家级的书法大展，也获得过省市的一些文艺优秀创作奖。卢杰钟爱书画艺术，全身心投入、矢志不渝、坚持不懈，即使在人生中最困难的时候也须臾不曾割舍。

中国板胡演奏家，曾任大连歌舞团团长的白吉珠，在 20 世纪 80 年代时，白吉珠的"三弦板胡"在中国民乐演奏界是独树一帜的。

考上大连理工大学的邹晓霞，现在在清华大学建筑设计研究院建筑专业一所任副所长。

还有著名拳击运动员杨连慧；

还有女足国脚毕妍……

那时三中几乎每年都有学生以全区状元、大连市前十名的好成绩进入北大、清华等全国知名学府。

如 1994 年的祝敏、1995 年的连长震、1996 年的李江慧、1997 年的邹晓霞、1998 年的范亮亮、1999 年的杨丽、2000 年的张万皎、2001 年的王宝臣等均获得金州区第一名。

当然，金县三中培养了很多很多的优秀人才，我采访调查的时间既短又匆忙，走马观花，挂一漏万。

当年我采访环宇集团公司老总周全利，他就特意讲过金县三中在登沙河出了很多人才，等等；采访九城公司老总刘相斌，他也讲三中，只要提到三中，他们都是满怀深情，都是眉飞色舞。

3

薪火相传的金县三中历届校长名单里，有张新、刘仁山、赵锡伟、刘仁寿、王振有、曲江幢、于仁国等人，但我突然看到了一个熟悉的名字，这就是于振洋。

1962 年 5 月，于振洋担任副校长兼校党支部书记，后来是校长。

据一些老教师回忆，他担任校长的时间大约是最长的一个。从 20 世纪 60 年代初一直到改革开放之后，他都在三中校长的位置上，他的治校风格和工作作风给人留下了深刻的印象。

三中毕业的企业家刘相斌就曾说过，于振洋对三中的影响非常大，他在校时体会很深。

"文革"的特殊时期里，于振洋也遭到了一些人的批斗，红卫兵小将到处找他要揪斗他。他躲到了登沙河一家老实而贫困的农民家里，谁也想不到他会藏在这户人家里，于振洋在这里躲避了很长一段时间，风波过后才出来。1968 年 5 月学校成立革委会，于振洋任主任。恢复教学后继续担任校长。一直到 1983 年 6 月，为了让子女接班他才提前退下来。

于振洋之后的校长是赵向忠。1988 年 6 月，赵向忠被评为全国先进德育工作者，享受部级劳动模范待遇。

赵向忠的儿子赵作伟也毕业于三中，后来是医学博士、普外科教授、博士生导师，大连市十大杰出青年，现在是大连市政府副秘书长兼大连市卫健委主任。

附录：金县三中大事记（1948 年至 1966 年）

1948 年 2 月下旬，于及川与登沙河（第六区）区委书记于德钧商谈筹建金县第三初级中学事宜。

1948 年 3 月 15 日，金县第三初级中学正式成立，招收学生 133 名（包括由金县一中转来的 39 名学生），共 3 个班级。首任校长张新，教导主任于及川（后任金县教育局局长），校址在登沙河文化馆后院。

1948 年 4 月，根据关东公署"发展生产，安定民生，发展文化，培养干部"的号召，全校师生积极参加大生产和识字扫盲运动。

1948 年 12 月，发展第一批学生党员范勇昌、张福生、李连兄、关正世等。

1949 年，刘仁山任校长。

1949 年 3 月，发展第二批学生党员刘文璞、徐芳玉、闫桂花、孙元山、曲丰 5 名。

1949 年 5 月 13 日，发展首批团员 18 名。

1949 年 8 月，第一批入党的教师有丛福玉、王春发。

1949 年 10 月 1 日，学校参加登沙河镇的庆祝中华人民共和国成立大会。

1949 年 11 月，在海头村文化站学校师生党员与群众公开见面。

1949 年秋季，登沙河区政府大院改为金县第三初级中学教室。

1950 年 7 月，学校送走首届初中毕业生，共 39 名。

1950 年 11 月，在学校开展"抗美援朝，保家卫国"运动，向学生进行爱国主义和国际主义教育，在师生中掀起参军、参干热潮，有百余名学生参军、参干，如曹文科、徐志先、张万良、杨长祥、苗树坤、姜学堂、滕连科、夏修芳、关云龙、闫学春等同学，后来他们大都成为军队团级以上干部。

1950 年，以教师李焕林、郎万增、周家桐和徐全民等为首组成的金县第三初级中学文工团常下乡演出，博得群众的赞扬。

1950 年，学校归市教育局领导。

1951 年，赵锡伟任校长。

1951 年，姜凤仪任党支部书记。

1952 年 9 月，杏树屯七区建立金县第三初级中学分校，校舍在杏树屯"西窑"。

1952 年 9 月，中学大发展，从旅大师专分配来一批年轻教师，共 12 名，又从小学和其他短训班调来一批教师。

1952 年，王春发任教导主任兼党支部书记。

1952 年 12 月，根据教育事业发展的需要，于华家屯八区建立金县第三初级中学第二个分校。

1953 年，刘文璞任党支部书记，谢谷林任教导主任。

1953 年 3 月 15 日，于瑞庭、周季华两位被评为旅大市优秀教育工作者。

1954 年 12 月 25 日，刘仁寿任校长。

1955 年 3 月 28 日，周传玉、梁希富被评为旅大市优秀教育工作者。

1956 年 8 月，招收 6 个班高中学生，学校改名为金县第三中学。刘仁寿任第一副校长（主持工作），周明宗任第二副校长，曹寅任第三副校长兼党支部书记。

1956 年夏季，实行工资改革，由工分制改为纸币制，教师工资有所提高。

1956 年秋季，语文分文学、汉语两科授课。

1957 年 2 月，学校由市管下放到县管。

1957 年 3 月，姜震、曲广永两位被评为旅大市先进教育工作者，姜震又被选为出席辽宁省优秀教育工作者代表大会的代表。

1958 年，学生白吉珠因二胡水平很高，被旅大歌舞团选中，后为市歌舞团团长。

1958 年秋季，开展勤工俭学活动，师生停课 2 个月左右，修盐坝、打石灰石、大炼钢铁，建立工厂、小刘屯西山农场等。

1958 年秋季，新建校舍竣工迁入现校址，原大院保留为初中部。

1958 年年底，张仁政任党支部书记。

1959 年 7 月，送走首届高中毕业生。

1959 年 10 月 1 日，新中国成立 10 周年大庆，学校举行大型营火晚会。

1960 年，全校教职员工和全国一样处于困难时期，上午上课，下午劳动，全校师生在党支部的领导下，渡过难关。

1961 年，姜震被选为大连市人大代表。

1962 年 5 月，于振洋副校长兼任党支部书记。

1965 年 7 月，王振有任副校长。

1965 年，学生房连香代表辽宁省队参加全国田径比赛，获得三项全能第二名，后成为国家级运动健将，为辽宁省体校教练。

1966 年 6 月 10 日，学校出现第一张大字报，因"文革"停课。

1971 年 1 月 19 日，"五七"中学第一届毕业生共 120 名，毕业奔赴农业生产第一线。

1978 年 2 月 14 日，辽宁省教育厅批准金县第三中学为辽宁省重点中学（辽宁省首批）。

1988 年 8 月，金县第三中学更名为大连市一〇三中学。

当年金县三中师生到贫下中农家中接受忆苦思甜教育

1948 年金县三中的开学纪念照

1972 年金县三中毕业生纪念照

1953年登沙河中心小学全体共青团员与教师的合影

登沙河白家小学第八届毕业生合影

金县三中教师丛积微带领学生做课外测绘活动

当年的棋杆村小学

金县三中部分老教师的合影

登沙河中心小学学生到乡村参加拾粪劳动

当年的金县三中，现在的大连市一〇三中学

垄亩油油粟黍薯，
锄禾滴滴汗泪土。
金州粮仓古有名，
炊烟云岚如画图。
走进沙河农家院，
识得樱枣杏几株。
翁妪笑谈老辈事，
翻箱倒柜找家谱。

04

百年风雨　苦难辉煌

日俄战争日军登陆点

清光绪二十四年（1898年）5月7日，中俄签订《续订旅大租地条约》，将租借北界扩至普兰店至貔口一线。此后，登沙河这里即属于沙俄"关东省"的郭家岭行政区。

日俄战争时期，登沙河凸显了兵家必争之地的重要性。

老人们回忆说，在1904年的春播时节，登沙河一带的农民在田间犁地。春天东南风偏多，就有人闻到了东南面海上吹来的风中带有煤油味。一些有经验的百姓说，应该有大的船队在近海活动呢。

那时农家里普遍是女人赶海，男人干农活。赶海的妇女也经常在沙滩上捡到从海上漂来的小竹筒，扭开一看，里面有几张纸，因为大都没有读过书，纸上的字也不认识，就把纸扔了，把竹筒拿回家做筷子筒。

捡到的竹筒这么实用，大家再去赶海的时候就留心。有的竹筒扭不开，就拿回家叫男人扭开，男人对里面纸上的字也不认识，有好事的人拿去找识字先生看，识字的人识其字但不知其意，里面的内容大概是什么"大日本帝国、王道、百姓幸福、快乐"之类的。

现在看，就是当年日本军队的一种宣传手段。

日俄之战一天天逼近，俄国人也知道日军在盐大澳登陆了，当时登陆的日军第二军还驻在柳家河以东。俄国部队为探明日军情况，曾经派一个士兵骑着马在河西的大甸子往东巡视，想观察日军情形。待俄国兵走到射程之内时，日本兵开了一枪。当时看眼的老百姓说，日本兵枪法真准，一枪就把俄国兵打下马。被打下马的俄国兵躺在地上，马在他身边打转转，等马头朝西时，俄国兵一翻身上马向西飞快地逃跑了。看眼的老百姓又说，这个俄国兵真狡猾。

日军在盐大澳登陆后，一天下午有人在地里干活，看到从东面过来又是马又是兵的日军大队伍。但队伍前有四个兵，手拿像铁棍一样的东西在地上摆动，边往前走边摇三角旗，后面的队伍则按小旗的指挥前行。看眼的百姓不知咋回事，说这日本人挺傻，有直道不走，专门走弯弯道。其实这是前面的工兵在探测有没有地雷，后面的部队随工兵走的路走，不允许走岔道。

1905 年后的日本殖民统治时期，登沙河一带又属"关东州普兰店管内"的长岭寺会和姜家堡子会。

会，相当于现在乡镇建制。当时每个会设会长一人，是中国人；副会长一人，是日本人。例如姜家堡子会的会长叫白恒全，白恒全的后人如今还在白家社区居住。日本殖民统治时期的会长人物往往是很复杂的，并不是非黑即白，常常是两面维持，好事坏事都干过。

那时长岭寺会的会所是在棋杆村，但是长岭寺的庙宇是在程家村。

当时的会所为坐北朝南的一栋房子，门前一东西向柏油路，是棋杆村的主要通道。这栋房子建筑结构为花岗岩行石砌筑，水泥瓦屋顶，一排三十间。

感觉特别的是，这栋建筑的前墙上有水泥抹制的大圆盘，一共五个圆盘等距排列在南面前墙上。据当地村民介绍说，五个圆盘即为当年会所的窗户，表现得与众不同。后来苏军入驻进行改造，又重新开窗把圆盘堵死了。

会所分三部分：会长室位于东端，是会长办公之所；衙门室位于中间，巡捕房位于西端，是伪警察派出机构。

有关资料记载："1925 年 9 月'关东州'实行会制，金州民政署管内设会，会下设屯。"

由此推断，该会所约建于 1925 年以后，当时这个会所下辖 8 个屯：棋杆、王家、段家、排子、长岭寺、高家、徐家、丛家。

这个会所是日本帝国主义殖民统治大连的一个见证，对研究日本帝国主义侵略大连的历史有着重要意义。

现在的建筑形制是每隔七八间外墙就补砌一方形水泥柱子，系后来为加固房屋而增建的。会所东端八间房子于 20 世纪 50 年代重新改造，使用石料与原建筑石料不同，但仍保持原建筑风格。整幢建筑后来曾租给当地群众改作商业用途，如理发店、医疗所、超市等。

现在这栋建筑已经废弃很久了，它和棋杆村的老户苗家、夏家那两栋老房子都在一条街即一条直线上，相距百余米，非常近。

原金福铁路后来是大连至庄河的铁路线距这里仅仅 400 多米。由该铁路分支的军用铁路专线向北达长岭寺屯附近的登沙河机场油料库、航财库，该专用线现已因机场停用而空置，铁轨中长满了高高的荒草。

日本殖民统治时期的姜家堡子会会所在姜家村，旧址位于登沙河老街区火车站东北 50 米处。门前是东西马路。这栋会所建于 1941 年，房子为石筑水泥瓦屋顶，是姜家堡子会所和派出所办公之处，日本殖民统治时期统治登沙河的一个重要机构，1945 年后用作苏军军营，一直到 1955 年苏军回国。

我去看姜家堡子会所旧址时，那里还有一个角落堆放着原来建筑上拆下来的一些老瓦，看起来很有沧桑感。

姜家堡子会会所房屋旧瓦

姜家堡子會

上白家屯　小王家屯
郭家屯　藍家屯
趙家屯　阿拉寶
曲家屯　王家屯
東三家子　西三家子
車道廠　下山家子
小道廠　一馬蹄屯
姜家堡　山東頭
大關家溝　趙家屯
鞠家爐　小劉家屯
海頭溝　崔家屯
小關家屯　小白家屯
邱家屯　老土城
買家鋪　小土城子
張家爐　竇母廟
劉家窩鋪　白家哐子
楊家屯　小李家屯
東南溝　趙家哐子
東關溝　孟家哐子
高家屯　小姜家屯
西包子　姜子前屯
沙包子　四關家屯
前遲家堡子　劉家屯
後遲家堡子　沙包子劉家溝
溫家溝　李家溝
呂家溝　牙口
大房身　金頂山廟
威家屯

長嶺寺會

王家屯　喬家屯
馬家溝　小李家屯
段家屯　下郭家屯
上郭家屯　小范家屯
王家爐　高家屯
旗杆堡　小塘子
山咀山　范家屯
茂隆山
金家屯　王家屯
孫家屯　宋家屯
徐家屯　楊家屯
蔡家屯　趙家屯
夏家塘子　小王家屯
前排房　後排車溝子
下李家溝　傳排車溝子
西王家屯　上破車溝子
孔家屯　小徐家屯
江家屯　叢家屯
小李家堡子　林家屯
李程家溝　毘嶺寺廟
上劉家溝　谷家屯
劉家溝　前鼠泥坑子

日本殖民统治时期，登沙河区域隶属于普兰店民政署，下分姜家堡子会和长岭寺会，这是两个会下属的村屯明细表

苏军管制下的"特殊解放区"时期

　　1945 年 8 月大连地区解放的时候，登沙河有一个地下党员叫萧瑞堂。萧瑞堂组织登沙河南海头的二三十名盐工队伍，成功接收了登沙河、亮甲店一带日本警察的枪支，又从登沙河日本马种厂接收了 3 匹洋马，活动在登沙河一带维持地方秩序。当时的形势就是以工人为骨干的共产党组织与以伪官员、地主乡绅为骨干的国民党组织相互争夺地方政权。后来萧瑞堂带着这支队伍加入人民军队大部队里了。

　　1

　　1945 年秋，旅大地委置登沙河区并归属新金县。那时登沙河区委第一任书记是胡青，到 1946 年 4 月，旅大地委又把登沙河划归金县。

　　当时金县县委书记是关星甫，新金县县委书记是赵筹。旅大地委决定把登沙河与亮甲店、三十里堡三个区从新金县划归金县管辖，是因为这几个区在苏军的岗界以里，人们都叫"岗里"。而新金县的其他区都在苏军的岗界以外，人们又叫"岗外"。新金县属于当时的安东省，又属于国共争夺区。

　　划归金县时关星甫去找赵筹商量。新金县说同意划归，但是想把登沙河这个区的主要干部再调回新金县，因为那时辽南刚解放，各个地方都特别缺干部。两个人就此事好一番协商，甚至争论得面红耳赤，最后新金县终于同意把登沙河区和主要干部一起划归金县。

当时登沙河区的书记是王湘，他是划归金县后登沙河的第一任书记。

1946年10月，党组织派从胶东过来的孙健任登沙河区书记，兼任减租减息工作队队长。1946年12月，国民党军向解放区重点进攻，侵占了辽南的大片解放区，并且占领了皮口、普兰店等重镇。于是辽南解放区的一些机关干部、伤病员大批地撤到"岗里"，即苏军占领区。

有些人撤到登沙河之后，身着军服牵着战马在村里活动。有一天，一个经常与区委联系的苏军军官找到孙健说，现在各村街上都有穿军装牵着马的八路军，你要把他们抓起来。

孙健一听火冒三丈，说哪有共产党捉八路军的。苏军军官说不行，国民党和美国特务要照相的。他一说"照相"孙健明白了，因为苏军和当时蒋介石政府有外交协议，于是孙健让这些同志脱下军装，在登沙河区域里进行隐蔽活动。

辽南解放区的大批干部和工厂职工撤到岗里后，为了工作，岗里岗外经常有来有往，需要通过苏军的岗卡，他们觉得很不方便。有的同志就让孙健到苏军那里去办理一个通行证件，便于来往通行。

孙健找到苏军负责这方面工作的军官，提出想给同志们办理通行证件的要求。苏军军官答复说不行。孙健再三说明，那个苏军军官反问："没拿证件的人都进来了没有？"孙健答："进来了！"

他又问："没有证件的出去了没有？"孙健答："出去了。"

"既然这样，你还要证件干什么？"

他这样一说，孙健恍然大悟，明白苏军的意思是不要授人以柄。实际上苏军官兵经过一年多的时间，对中国形势已有了一些了解。苏军岗哨的士兵，见了解放军的干部战士和来往的地方干部，只要提到毛泽东、朱德的队伍，他们就大拇指一翘说："哈拉绍，打外！"（俄语是"好，走吧"）因此岗边内外来来往往很是方便。

当时驻金县各区的苏军，要求中共地下党的一切行动和干的一些大事都要通报他们，他们要逐级上报。但是对登沙河区管得不是那么严，因为双方关系处理得很好。

登沙河一带群众的情绪，与解放战争的节节胜利紧密相连。我军"三下江南""四保临江"，在解放区的强大攻势推动下，辽南大部分地区和丹东等若干城市相继解放。

1947年夏秋间，登沙河区委把干部集中起来分成两个组，由孙健与副书记周德平带队分别在北关村、丛家村进行试点。他们从扎根串联、教育群众、培养积极分子和农会骨干入手，初步整顿了农会，在调查研究的基础上发动了群众斗争。经过一个多月的工作，基本上把群众发动起来，并发展和巩固了农会。正在总结经验准备在全区普遍展开时，金县县委的分片领导江风告诉他们暂停。

当时从山东老区来的一些同志思想上总想着与解放区一样搞土改，而且是要轰轰烈烈地搞。这种想法与当时大连地区的特殊情况是不符的，因为苏军不同意开展大规模的群众运动。苏军不赞成这样干，因为他们考虑的是国际上的影响，考虑的是与美国和蒋介石政权的斡旋与角力。

后来金县县委统一了思想认识，把工作重心放到改善群众生活上，搞大生产运动解决群众的生活问题，组织大家来解决缺少生产资料问题。

1947年冬天，金县政府召开了第一次全县劳动英雄模范大会，大会奖励了4个全县级的劳动英雄，其中就有登沙河区棋杆村的苗建英。他们每人奖励一头大牛，其他的劳动模范奖了一些农具和其他的生产资料。这是金县开天辟地第一次，给农民以极大的鼓舞。

苗建英回到棋杆村里时，登沙河区委组织群众欢迎她，轰动了整个棋杆村和周围村屯，影响非常大。

第二年春耕的关键时刻，大连地委书记韩光带领干部到登沙河区来检查，韩光晚上就住在孙健的简陋办公室里。春天晚上还很冷，孙健和金县县委书记陈少景两个人挤在一张单人床上。

那一年，登沙河粮食产量达到15万吨，取得了大丰收，当年10月，辽沈战役取得了胜利。

孙健后来曾任金县县长和县委书记、大连市委农村工作部部长等职。

2

1945 年苏军进驻大连的时候，首先是占领各地要塞，登沙河棋杆底机场是首要占领地之一。

1950 年为准备抗美援朝，金州开始修筑四处飞机场。各个区分担任务，分片负责。登沙河区负责棋杆屯的飞机场，在修筑机场的过程中，涌现了很多的好人好事。

例如，当时高家村的村长马家顺眼睛累坏了，视力模糊，别人要换他，他说什么也不肯，带病坚持在一线。

北关村公安委员关庆树，为了组织好民工与车辆，他曾一晚上跑了 4 个自然屯去张罗。程家村的村民张天喜说，咱们修飞机场像挡水坝一样，水没来就得先垒好，对美国鬼子的侵略，得事先做好准备。并且张天喜还积极出人出车。

丛家村党员姜春英像照顾亲属一样，照顾住在她家修机场的外来民工，每天她都多做饭菜，亲自送给他们吃，各方面照顾得十分周到，民工感动得天天给她挑水扫院，团结得像一家人一样。

登沙河机场在抗美援朝时期发挥了重要的作用。可惜这一段历史湮灭已久，很多细节已经不知道了。

1950 年登沙河区改称金县第六区，1955 年又恢复登沙河区名。1956 年撤区划乡，分为姜家堡子、棋杆、登沙河 3 个乡。1958 年人民公社化，三乡合并，成立登沙河人民公社。1983 年改称登沙河乡。1984 年乡改镇建制，称登沙河镇 (辖区不变)。2005 年 9 月 12 日辽宁省人民政府批准撤销金州区登沙河镇，设立登沙河街道。现归金普新区管辖。

高家村稻花飘香

登沙河当年的苏军驻地营房

金县米粮仓

1

农业专家们在总结金州地貌概况时，有一句话是"五山一水四分田"，这"四分田"里，登沙河区域是最重要的一块。

金州以大小黑山为界，素有"涝不坏西山，旱不坏东山"的说法。当地百姓根据农耕经验习惯地称东部地区（东山）土壤为"沙壤土"，这类土壤团粒结构松散，耐旱保墒，是播种花生的理想土质；称西部地区（西山）土壤为"黄泥土"，这类土壤孔隙度小，保墒性能差，宜于种植果树尤其大樱桃；而山间平原地带多分布"油沙土"，呈深褐色，土质肥沃，抗旱耐涝，又是良好的蔬菜区。

在改革开放的初期，金县农业部门曾做过一个种植区规划，就是把全县划成四个区域：

西部果菜区，包括七顶山、大魏家等；

中部果树花生区，包括三十里堡、二十里堡、向应、石河等；

东部粮食花生区，包括登沙河、华家、杏树、得胜；

南部粮食捕捞区，包括大孤山、满家滩、董家沟、湾里等。

金州地区的土壤大致可以分为四类。土壤类型包括岩石风化物、红土母质、黄土母质和近代河流淤积物。

登沙河则多属于棕壤红土母质。

2

登沙河改革开放前在农业上主产是玉米、花生、蔬菜，间有果园，果园主产是苹果。若那时一定要让登沙河推选出一农产品为代表，那就是落花生。

花生被百姓俗称"果子"。据说小粒花生最早是从山东传入的，1909年从日本又传入大粒花生，开始在登沙河、亮甲店等地种植。花生喜沙壤土，因此登沙河的花生壳薄、果仁丰满、营养丰富、香脆可口、宜于贮藏，20世纪60年代曾在中国农业展览馆展出，受到好评。

这里的花生品种又分为"海花""连花""旅花"，等等。而在种植时间上也有"槐树开花种花生，寒露起花生"的说法。

20世纪50年代，曾经普遍实行玉米与豆类混种的生产方式。尤其是玉米和花生，按4∶6的形式来播种。曾经有"遍地苞米条条龙，可怜花生蹲胡同"的民谚。

1949年出版的《旅大概述》一书，在《农产》这一章节里就讲到，本地区（指旅大地区）除粮食作物还有两种名产：苹果和落花生。不仅是本区名产，而且是东北名产。

苹果出产地绝大部分分布在金县三十里堡，不仅出产多，且品质最为优良，主要品种有红玉和国光两种。花生最适合于沙泥地，主要分布在金县，特别是登沙河区、亮甲店区尤多。

《旅大概述》一书还记载，落花生在解放前是"奖励的新作物"，栽植颇广，金县一带特别是登沙河区与亮甲店区尤多，出产最多时年产可达100万石。其产品主要运往欧美、华南与日本等地。金县当时的水田也有8000多亩，包括登沙河地区。

在这本书的《农业》一栏里，是这样讲述旅大各地农产品特点的：

旅顺、老铁山出产地瓜；双岛湾产盐；水师营产白菜、苹果；营城子产白菜、苹果；革镇堡产葡萄；牧城驿产地瓜；亮甲店产花生、粮谷、地瓜；

老虎山产棉花、水稻；三十里堡产苹果、水稻……

而登沙河产地瓜、花生、粮谷。

在金县还有一种说法是：三十里堡是"果园子"，大魏家是"菜篮子"，登沙河是"粮袋子"。

九园的苹果，九里的黄桃，松岚的樱桃，登沙河的花生。

3

关于登沙河的农业种植，《金县志》上还有一些小数据也可以说明问题。

1953 年，国家拨给金县马拉小麦条播机、摇臂收割机各 2 套，金县政府决定给登沙河区、二十里堡区试用，但未及推广。

1956 年春，建立国营的辽宁省金县农业机器拖拉机站，隶属辽宁省农业厅拖拉机站管理处。拖拉机站下设 3 个机耕队，其分设在姜家堡子乡姜家村（今登沙河镇姜家村）、友好乡张家村、莲花乡大莲泡村。机耕队普遍与农业生产合作社签订机翻地合同。机耕作业头一年免收机耕作业费。

1959 年，全国 10 个小化肥试点厂之一的登沙河化肥厂动工修建，翌年投产。

1971 年年末，金县属 11 个国营拖拉机站全部下放到所在人民公社，其中登沙河、湾里、二十里堡 3 个站改建成农机修配厂。县农机公司于 1973年又分别在登沙河、湾里、二十里堡农机修配厂建立农机供应站，属县农机公司分站。

1984 年度全大连的水稻亩产最高纪录保持者，是登沙河北关村的村民李永惠。

1984 年花生亩产全省高产纪录保持者，也是北关村的村民仲伟平。我去北关村采访时他还找出了当年的证书。

以我找到的登沙河镇 1991 年数据为例：

当时登沙河镇有 17 个行政村，耕地 41.52 平方公里；居民 13015 户，人口 42990 人。全镇产粮豆 21469 吨、花生 713 吨、水果 510 吨（其中苹果483 吨）、蔬菜 10060 吨；有 5 个渔业村，海产品养殖捕捞量 2035 吨。当时人均收入 1321 元。

这些都说明了登沙河在金县农业上一直是一个重要的老镇。

附录：孙健

孙健（1919—1975 年），山东荣成县人。1939 年 11 月入党。先后任胶东区党委秘书处总务科指导员、海阳县大山所区区委书记兼武工站长，胶东第五军分区政治部干事。1945 年 10 月后，任庄河县农会秘书长，新金县司法科科长，大连市总工会训练班区队长，金县总工会训练班主任，中共金县城区、登沙河区区委书记，金县县委宣传部副部长、部长，金县副县长、县长、县委书记，中共旅大市委农委副主任，中共旅大市委农村工作部副部长、部长。

1960 年受到错误处理，任旅大市机械局副局长。1964 年 7 月解除错误处理后，任沈阳行署副专员、铁岭行署副专员、中共铁岭地委副书记。1982 年 4 月恢复名誉后，任中共大连市委农村工作部部长。

《金州民间故事》

登沙河老人曾经讲过这样一件真实的往事。

很久以前，在登沙河南海滩有两家晒盐的盐主，分别经营坝东坝西各自的盐田。两家盐主都雇了很多盐工，通常是大把头领着他们晒盐干活。

坝西盐田的大把头叫林善忠，他三十多岁，膀大腰粗，且识字多而知天象。例如某天天气晴朗，他却说要下大雨不能晒盐，于是带领盐工起堆盖盐垛。而坝东的盐主和盐工却笑他们傻，大晴天不晒盐真是岂有此理。

林善忠当然管不了坝东的事。当他们收拾完毕之后，乌云就滚滚而来，电闪雷鸣，大雨铺天盖地稀里哗啦，结果坝东盐田受到损失。

有时明明是天阴得很厉害，坝东这边的把头指挥盐工急忙收盐盖垛。林善忠这边却领着大伙安然地晒盐。坝东的人都觉得奇怪，结果阴天渐渐转晴，果然没有下雨，坝东盐田又吃亏了。到年终坝西盐田发了财，气坏了坝东的盐主。

林善忠除了应得的酬金以外，又得了不少赏钱。过年的时候盐主也不让他回去，生怕这位活财神被别人抢了去。

转过年，到了晒盐的季节，坝东的盐主处处注意，留神林善忠的行动。

林善忠在晴天无云时叫大伙收盐，坝东盐主也叫盐工收盐，反正林善忠怎么做，他也叫盐工怎么做。他又偷偷地发现，林善忠每天早晨晚上必得从大坝的斜坡上走一趟，像寻找什么东西似的。后来他偷偷地尾随林善忠走了一趟。一次阴天的傍晚，林善忠在大坝的斜坡上走一走、蹲一蹲，在瞅一个蛐蛐洞。尾随他的人也偷偷地寻找、观看，也学着瞅蛐蛐洞，终于让他发现了秘密。

原来这种蛐蛐在它的窝以外，用蛛丝绣织了一个圆圆的洞。洞的上面有时用网封住，有时就不封。为什么蛐蛐这样做？

坝东盐主由于观察次数多终于恍然大悟，虫子封洞是怕雨水漏进去，不封就说明没有雨。也就是说，天将雨时封口，天无雨就是阴天也不封口。这就是林善忠知天象奥秘之所在。

从此，坝东盐主也会看天气了。

有一天早晨，他先于林善忠登上大坝，见蛐蛐洞全封住口。他找了一根小树棍，将封住的洞口全都捅开就溜掉了。

林善忠来到一看，洞口没有封，就安心地吩咐大伙去晒盐。而坝东盐场却在收盐。随之而来的是一场大雨，这次坝西受了损失。

林善忠吃了大亏睡不着，天不亮就徘徊在大坝上，忽然他看见有人蹲在坝坡用树棍插蛐蛐洞，他急忙过去看发现是坝东盐主在调理他。一股火起，他三拳两脚打过去。谁知对方不经打，竟一命呜呼。林善忠怕连累盐工，于是写了一张"杀人者林善忠"的字条揣在死人的怀里，回去收拾了行李逃到别处去谋生了。

金城线范家道口

金城线已经荒废的铁轨

日俄战争史料中的日军第二军盐大澳登陆图

这是日本日俄战争史料中的老照片，图中正是登沙河海岸线，远处即是大李家城山头

上图，在段家村海岸线还保留有日本东洋拓殖株式会社的盐田工业遗址

下图，日本东洋拓殖株式会社的盐田工业遗址现在还有残存的闸门转盘

日本殖民统治时期登沙河入海口的盐田

三条河，满天星，
枢纽通，镇雏形。
稻豆蔬，五谷丰，
大粮仓，最著名。

这是橡子树的土地，
这是落花生的土地，
这是河水冲积的小平原，
这是倭寇垂涎的土地。

05

乡贤辈出　英才奇俊

乡绅诗人王天阶

很多老金州人都读过《大连历代诗选注》书中的这一首诗：

九日登金州城楼

荆棘丛生雉堞荒，登临满目感沧桑。

人烟萧索经兵燹，衙署倾颓作市场。

几树寒鸦秋色老，一声孤雁客心伤。

苍凉晚景凭谁赏，枫叶飞红菊绽黄。

诗中描写的是清末民初时期，九月九日重阳节这天，诗人登上了已经破败的金州古城城墙，面对古城的颓败有感而写下了一首七律。

这位诗人，就是辽南著名的私塾先生王天阶。

1

王天阶，字仲升，号南溪，祖籍山东蓬莱，生于 1853 年。

《奉天通志·选举五》卷一百五十八有这样的记载：

王天阶，金州厅人，光绪十四年（1888 年）戊子科优贡生。

优贡生，是指贡生中成绩或资格优异者。

科举时代，挑选府、州、县生员秀才中成绩或资格优异者升入京师的国子监读书，称为贡生，意谓以人才贡献给皇帝。清代贡生有恩贡、拔贡、附贡、岁贡、优贡和例贡。

每一年或两三年由地方选送年资长久的廪生入国子监读书的，称为岁贡；逢国家庆典进贡的生员，称为恩贡；每三年各省学政就本省生员择优报送国子监的，称为优贡；每十二年各省学政考选本省生员择优报送中央参加朝考合格的，称为拔贡。

算起来，清朝时登沙河区域曾有过三个贡生：棋杆底的苗临沣是嘉庆癸酉年间的拔贡，王天阶是光绪戊子科的优贡，还有南关村土城子人谷长年是附贡。

当年，主考官在王天阶的考卷上写下的评语是"字压三省"！这段遗闻在很多资料上都有，可见是确有此事的，对王天阶的评价是很高的。

王天阶，工书法，精于行、楷，用笔多中锋，结字工整端正，其书法作品在民间广泛流传。他同时也善诗文，著有大量诗集，可惜，大部分已经散失。现仅存有《浪吟诗稿》《浪吟续草》等手写本流传于民间。

王天阶在金州著名乡绅刘心田先生病逝之后还写过悼诗：

绿满斋空忆旧盟，匆匆仙驾返蓉城。

园林已舍生前乐，书画尚留身后名。

月夕风尘谁共语，落花芳草总伤情。

他年若念金兰好，华表归来应一鸣。

在大黑山观音阁的碑林里，就有一诗碑文是王天阶作品，但诗碑材料是新的，估计是后人重新制作的：

二十年来此布衣，鹿鸣西上虎符归。

故时宾从追前事，到处松杉长旧围。

……

王天阶最为著名的一件事，是在清光绪二十四年（1898 年）（也有的资料记载是 1899 年）的挺身而出，仗义执言。

那时大连地区被沙俄强行占领，几乎无物不税，无税不苛。沙俄官员来到杏树屯刘家店一带逼粮收税，强令乡民百姓在春节前将粮草税款全部缴完。而刘家店（现在杏树街道的台子社区）和登沙河的丛家村、蔡家村接壤，这里就是一片相互关联的土地。

沙俄官兵横征暴敛，与乡民发生冲突，遂发生了马成魁率众反俄抗捐的一场斗争。作为一个地区著名的私塾先生，王天阶见此情景甚为不忿，挺身而出，成为马成魁的军师人物。

在斗争中他自愿去为百姓请愿，代表乡民与俄国税官交涉减缓地税之事，结果被沙俄官兵扣留并遭受酷刑，据说是被沙俄兵用马拽着在地上拖，导致百姓群情激变，发生了一场惨重的流血大案。

《清季外交史料》卷一百二十九电文载：

二十四，俄员在刘家店追粮又拘民二十余名。二十五，又绑绅士王天阶，限七天收粮完竣。乡民上前哀求，俄带马队八十余名，开枪冲杀，追赶十余里，并枪毙妇女二人。二十六，查点被杀百余人。

这次惨案发生后，经过清政府官员的交涉，王天阶被释放了。王天阶的挺身而出，受到乡民和后人的交口称赞，名扬千古。

在采访中我还了解查阅到王天阶的一些趣闻逸事。

王天阶平时为人谦和，行为却与常人不同，其幽默诙谐的故事在当地也广泛流传。有人讲，王天阶平时好穿棉衣却戴草帽，这天来了一个南方才子，他和王天阶打了个照面，对王天阶说："穿冬衣戴草帽，糊涂春秋。"王天阶即说："住南方走北方，混游四方。"王天阶幽默的回答，使南方才子哑口无言。这位南方才子感慨地说："哦哈哈！王先生是真正的才子能人啊！"

王天阶曾考上清朝的优贡，优贡生在当时是分等级的，他在当年优贡生中位列第一名。据说清朝官服已经发下来了，准备让他去赴任。但正值王天阶父亲刚刚去世，以孝义闻名乡里的王天阶没有赴任，而是在家为父亲守孝三年，在墓旁搭棚子，后来又为母亲守孝，所以没有上任当官。王天阶逝世时，官服也随葬了。

王天阶为人轻财重义，以教学而闻名乡里。设馆授学，常以爱国主义思想教育后生，得到学生们的敬重，也颇受乡邻百姓的赞许。

王天阶结集的诗集文稿有十余卷，留存的一些是手抄本。他的书法作品留存数十幅，多为行书、楷书。其用笔多为中锋，字迹工整端正。

2

王天阶墓地位于登沙河蔡家社区小王家屯与丛家社区交界处，这里是蔡家一田地的高丘处，也是王家祖坟之所在。

王天阶墓地坐北朝南，位于王氏祖坟地中间，原墓葬为民国时期被毁，1992 年重新修墓立碑。碑为汉白玉，长方形，高 158 厘米、宽 68 厘米、厚 10 厘米。碑阳刻有墓主夫妇之名，上款为墓主祖籍地，落款为墓主后代子孙立碑的姓名等；碑阴是叙述王天阶一生行状的碑文。碑座为青石，横 100.5 厘米、纵 59 厘米、高 15 厘米。

碑文由时任大连市文物管理委员会主任的张本义撰写，由著名书法家伦杰贤书丹。

到登沙河丛家社区采访时，我说要去找一下王天阶墓地。丛家社区几个人却都反复说没有，也没听说过。

但查看金州博物馆的记载是在丛家社区。又到丛家社区小王家屯实地看，村里有一男一女两个老人在路口等我们。老头说，他 70 多岁了，从没有听说过王天阶的墓地，这里都有什么他心里都知道。那个老太也说没有，两个人还算了一下王家有谁谁谁，都没有字辈里是"天"字的。

后来还是关连莲在电话中又找到了蔡家社区的王存良，他说带我们去找。于是我们会合了王存良，从乡村柏油路下来又走小路。小路两边是玉米地，青纱帐郁郁葱葱，看着喜人。

往前看，真有一个小土丘的地形，和资料记载的相同。墓地在一块地的下边，周围是一片苇草围拢起来，长得近一人高，把整个墓地包围起来。

这里是岭东小王家屯北 200 米处的农田中，墓地南是一块花生地，周围更多的是玉米。再往东就是柳家河，过河是杏树街道沙家社区的地界。

有关资料记载是丛家社区小王家屯，实际是蔡家社区的小王家屯。巧的是这两个村子的两个小王家屯又挨在一起。平时一个叫岭东，一个叫岭西。王天阶墓地在蔡家社区的小王家屯岭东那块地。

3

以文人出身的王天阶，其后人不乏传承王天阶衣钵者，有的名声甚至超过王天阶本人，成就突出的主要有以下几人。

王良骅（1910—1985 年）字南山，号佑服，是王天阶最小的儿子。自幼受家教启蒙，后入普兰店公学堂、旅顺师范学堂学习，毕业后任小学教员。1940 —1942 年就学于日本东京大学。解放后历任金州于家屯小学、刘家店小学校长，1951 年调大连市内学校任教，曾任小学教师培训班教员，大连九中、二十四中、二十六中中学语文教员，擅长古汉语、佛学、日语、英语。

1962 年下放回家，1969 年下乡回原籍，1979 年回城，1984 年恢复公职，为大连市第二十六中学离休干部。王良骅一生酷爱教育事业，70 多岁时还在金州纺织厂教学，给工程师、干部上日语课。王良骅的书法追随他的父亲，父子同称"金州二王"。

王良骅的二儿子王慎仁，1941 年生于大连，1963 年毕业于鲁迅美术学院，擅长油画创作，中国美术家协会辽宁省分会会员，曾任本溪师范学校美术讲师、本溪油画协会副主席、王慎仁美术馆馆长。主要作品有《红绿灯》《流淌的河》《家园——一九三七》《千里共婵娟》等，其名声享誉海内外，被编入《中国现代美术家名人大词典》。出版有《王慎仁油画作品精选》一书，并与妻子李健共同组建大连海王建筑设计装饰工程有限公司，被授予全国资深室内建筑师称号。王慎仁既是油画家也是企业家，多次受到国家领导人的接见。

王良骅的三儿子王慎艺，1944 年生于金州，也是著名油画家，中国美术家协会会员。王慎艺于 1987 年在鲁迅美术学院油画系研究生班毕业，后又在法国当代著名画家克劳德·伊维尔油画研究班进修。擅长潜能绘画、油画，也从事雕塑和水墨画创作。曾在 20 世纪 60 至 80 年代创作了一批反映纺织工人生活的系列油画作品，代表作有《纱厂乳曲》《午餐》《纺织姑娘》等，其中《纱厂乳曲》是王慎艺的成名作，获第六届全国美术作品展优秀作品奖，被中国美术馆收藏，该作品曾两次到日本东京展出。

1993 年 3 月，王慎艺在中国美术馆成功地举办了"王慎艺现代艺术油画展"，1994 年参加中日佛教书画艺术首展，后在北京、大连等地先后举办多次个人画展。近年又创作一批西藏题材和潜能绘画的作品，代表作品有《雪域佛光》《众生吉祥——佛手》《祈盼》《圣山净土》等。中央电视台、北京电视台、辽宁电视台、大连电视台等都进行了专题报道，其作品被中国美术馆，美国、日本等国内外收藏家收藏。

王慎行是王天阶的第五个儿子王良骢的儿子，1930 年 11 月 8 日生于"普兰店管内"粉皮墙会，就读于粉皮墙会第一普通学堂、普兰店公学堂。文人出身的王慎行一生经历坎坷，曾当过教师、养路工人、保矿矿工、磷矿采矿工、电机厂工人等，在当养路工人期间，他的左眼因公失明。

王慎行虽然眼睛有残疾，生活困苦，但除了日常耕作之外，仍念念不忘在家中写作读书，每天在灯光下坚持写诗作赋，结有《浪吟小草》诗集手稿。除此以外，王慎行也擅长书法，继承祖父王天阶，以行楷见长。

王良骅的小儿子王慎文，1947 年 9 月 8 日出生。在大连第六中学毕业后，曾在大连油漆厂、大连玻璃厂、大连开发区明星装饰公司工作，后转入大连海王装饰公司工作，2002 年退休。王慎文擅长诗文创作，与祖父王天阶一脉相承。其诗作很多，多次在期刊、报纸上发表。例如这首追思祖父的长诗：

追思祖父大人

浮生正气品德良，一世清名桑梓芳。

精湛楷书世罕见，字压三省美名扬。

终身授教育学子，桃李飘香传八方。

淡逸功名心广阔，教明子弟一秋棠。

沙俄侵略占疆土，领导村民保我乡。

俄寇骑兵屡闯院，怒呵俄寇硬如铁。

五洲动荡风云怒，俄寇蚕食心意凉。

怒发儒生愤咏赋，登高九日使人伤。

马拖祖父俄兵狠，三里拖昏志气刚。

惨受毒刑又火烤，山河保卫志高昂。

羁押死狱怀家国，抗议俄人见艳阳。

囹圄酷刑节不辱，名留青史万年长。

盛京紫禁留书法，紫禁呈书档馆藏。

沈阳东陵碑字撰，千秋再观楷书王。

书法珍品藏博馆，墨宝诗词渡大洋。

乡土志书书数笔，浪吟诗草韵芳香。

位于登沙河蔡家社区小王家屯的王天
阶墓地

110

民国传奇"万米王"赵德新

1

历史上金州体育人才辈出，是和这一方水土有关。

例如，很多人都知道杏树街道有一别称叫冠军小镇。因为这里走出去的优秀田径类运动员多，著名的如徐永久、丁美媛、刘东，等等。

也许你不知道，杏树屯当年是从登沙河区分出去的一个镇，培养了很多田径类冠军的一〇七中学，当年也是登沙河金县三中的一个分校。

登沙河早在民国时期就出了一个响当当的体育明星，他与"中国奥运第一人"刘长春曾经并肩站在起跑线上。刘长春善短跑，而他则善长跑，他与刘长春一起见证了辽宁体育的第一次辉煌。

他就是登沙河姜家堡子村的赵德新，世人称之为"万米王"，乡亲们大都叫他"赵万米"。

2

赵德新清光绪二十八年（1902 年）出生于姜家堡子赵家屯，又名铭三，字西河。他幼年一心求学，因家庭经济拮据，曾出外做工挣钱以补贴学杂费用。后来在普兰店公学堂毕业又考入旅顺师范学堂，1923 年师范学堂毕业后，他在三十里堡会、姜家堡子会、亮甲店会的几个普通学堂都曾任教。

1929 年，已经 27 岁的赵德新又考入了王永江在沈阳创办的东北大学。正是在东北大学学习期间，赵德新创造了"辽宁长跑第一人"的传奇故事。

其实赵德新在家乡上学时就展露了他的长跑天赋。登沙河镇的老人们回忆说，赵德新小时候去普兰店公学堂上学时，就有过追火车的佳话。

有人会问了，为什么要追火车呀？

因为当时金福铁路两个车站之间距离一般都不超过 10 公里，那时火车开得也比较慢，赵德新有时在登沙河站（在姜家堡子村）没赶上火车，就干脆跑到下一站棋杆站再上车，由于他身体素质好，长跑能力强，经常比火车还先到站。

还有一个说法是，赵德新有一次到金州城办事，要回家时正好看到金州东门开往城子坦的火车启动。赵德新拔腿就追，咬着火车不放，足足跑了 35 公里。

还有人传说，他可以在一根铁轨上骑自行车。

总之，年轻时的赵德新有一点儿小超人的感觉。

3

赵德新考入东北大学后，与"中国奥运第一人"刘长春成了同窗。当时，东北大学的田径整体水平很强，刘长春称霸了短跑项目，而赵德新则是长跑项目的冠军。

当时兼任东北大学校长的少帅张学良雄心勃勃，风华正茂，他试图以体育运动为途径达成振国兴邦的愿景，并决心在体育竞技上与日本人比一比高低。为提高运动员水平，他制定了体育特长生招生政策，选拔有才华的运动员，并将体育课列为全校学生的必修课。

1929 年 5 月 29 日，曾因战祸中断的第十四届华北运动会在张学良的竭力支持下得以恢复，并在东北大学体育场举行。来自北京、天津、河北、山东、山西、内蒙古、辽宁、吉林、黑龙江等省市 136 所院校的 1650 名运动员参加。辽宁地区有 48 所学校参赛，共获 30 项冠军，东北大学获团体总分第一名。

同年 10 月 19—20 日，中、日、德田径运动会在东北大学体育场举行。

中国选手40人、日本选手25人、德国选手17人参赛。东北大学学生刘长春在百米赛中以10秒7的成绩获第二名。

这是东北田径运动员一个极好的锻炼机会，张学良还投入25万元在沈阳北陵附近建了一处带有钢筋水泥看台、可容纳3万观众的体育场。

经过这几次的锻炼磨合，东北大学运动员成绩有了很大的提高。1930年4月，第四届全国运动大会在杭州举行，辽宁首次派出123名运动员参加，赵德新和刘长春名列其中。

尽管在训练中肌肉拉伤，刘长春仍带伤上场，连夺男子100米、200米、400米短跑3项冠军，并分别以10秒8、22秒8、52秒6的成绩创造了这三个项目的全国纪录。此外，刘长春还和队友配合，夺得4×400米接力金牌。

赵德新以35分36秒2的成绩获得男子10000米第一名，并创造当时全国10000米长跑纪录，不仅成为第一个获得全国冠军的辽宁长跑运动员，也成为大会"五英雄"之一。

沈阳知名收藏家詹洪阁的藏品中有一些赵德新当年的老照片，其中一张是刘长春在第四届全国运动大会10000米比赛终点抱住筋疲力尽的赵德新，队友间互助的真情表现得淋漓尽致。

詹洪阁介绍，那一年辽宁田径队最终以49分的成绩，甩掉了"关东体育白帽子"的称号，名列第四届全国运动大会第一，并捧回了张学良专门捐赠大会的刻有"祖国后盾"四个大字的银盾，这是东北体育史、辽宁体育史上最闪光的一个画面。

此后，赵德新、刘长春等辽宁运动员入选中国代表队，参加了1930年5月在日本东京举行的第九届远东运动会。

在体育界，当年的赵德新就是一个"牛人"。

据讲，他在东北大学时遇见一老外欺负中国学生，然后开车就跑了。赵德新抱打不平，追老外的汽车追出很远终于截住了，最后老外只好服软道歉。

4

其实，赵德新更是登沙河的文化乡贤，一个在苦难中挣扎的知识分子。

赵德新在东北大学时的留影

1932 年赵德新于东北大学毕业之后，回到大连市内的秋月公学堂担任国文教员，这期间他注释课本中疑难词语汇集成册，印发各地供师生们参阅，由此看出赵德新的国文造诣是很深的。

1941 年他又调到大连教科书编辑处任编辑，利用三年时间，他自己编出了一部实用的汉语字典，这让周围人都刮目相看，认为他不是"体育棒子"，而是一位真正的"老师先生"。

1943 年，已过不惑之年的赵德新回到了登沙河老家从事教育工作。1945 年大连地区解放后，他任姜家堡子太平公学校的校长。那时他自编教材、刻印、装订，组织学生坚持上课。当时社会秩序混乱，他与工友赵洪盛日夜守护学校，保护校产。

5

1946 年 3 月，金县第六区（登沙河）政府文教助理关星三组织部分教师在登沙河镇西侧的四合院（原于家大院）建立小学校，由县政府教育科命名为金县第六区第一完全小学，第一任校长就是赵德新。

当时完全小学的教学设备十分简陋，学生课桌椅和教师办公桌椅均是从姜家堡子会第一普通学堂接管下来的。小学招生 10 个班，有教师 13 人、学生 310 人。

赵德新担任登沙河镇中心小学第一任校长之后，不久又到金县三中当了一个时期的语文老师，学校里人送外号"活字典"。

那一年，他小女儿刚刚13岁，因为脑炎发烧后不到一天就去世了。大女儿那年19岁，本来就有骨髓炎，妹妹去世不到一个月，大女儿伤心过度病情加重也走了，一年后赵德新夫人也去世了……

那时赵德新还有年幼的两个女儿、三个儿子，突然遭受生活重创的赵德新在1955年决定弃笔从医。他辞职离校开始自学研究中医，主攻内科并取得了资格证书，在乡里行医而受到好评。

1976年11月赵德新病逝，时年74岁。

我在采访中了解到，赵德新的儿子赵国苏曾担任沈阳航空航天研究所（601所）的质量处处长，参加了歼八、歼十、空中加油机等项目的研究设计。而且赵国苏手中还保留了1930年版的《全国运动大会总报告》一书，那本书完整地记载了在杭州举办的第四届全国运动大会的资料。

沈阳媒体的记者看到这本书十分惊讶，因为已经90年还保存得完好无损，书的开本几乎与《辞海》同样大，书厚达数百页。当时《全国运动大会总报告》的发行数量很小，仅仅是运动会结束后给每个代表队发了几本，赵德新幸运地获得一本留作纪念。之后赵德新将此书传给了赵国苏。

6

因为写过"登沙河手记"的文字，在微信群里有人和我打招呼说："你知道我外公吗？我外公曾经是登沙河最有才的人。"

我们不相识，未见面，在微信上一聊才知道。

她是赵德新的外孙女，金州的一名企业家，也是土生土长的登沙河人，老家姜家堡子村赵屯。

说起她的外祖父，隔着手机屏似乎也能感受到她的激动、崇敬、怀念的心情。

"我外公、我大舅都是最有才的人。"

"听我母亲说，我姥爷的奖杯是用一个大橱窗装的，有好多书画，真的，

《康熙字典》都有，可惜……"

这位赵德新的外孙女自己也写过很多诗，虽然每天忙于做企业，却有着外公的文学基因和激情。

赵德新，不仅仅是"万米王"。

私塾好先生

历史上登沙河的教育文化事业一直是独树一帜的。

尽管留下来的记载资料极少，但还是能查得到，清末时金州地区出名的私塾教授谷长年，就是登沙河北关村土城子人。

谷长年字寿堂，是清末的贡生，也叫"附贡"。

谷长年之后，登沙河姜家村还有一个知名的私塾乡贤先生，他叫姜永庚，字耀西，从科举角度讲是"增生"。

所谓增生，是清代科考经过岁试和科试，成绩优秀者能取得廪生名义的。第一等为廪膳生员，享受官府的生活补贴，每年可得四两廪银；第二等为增广生员，即在廪生正式名额之外增加的生员名额，增额者为增广生员，名额有定数。姜永庚则属于这个圈子。

用今天的文凭尺子来说，谷长年要比姜永庚高。

金州近代的文化名人孙宝田先生曾经编著了一本《旅大文献征存》，书中是这样评价谷长年的：

品学兼优，精于医术。设帐授徒，善于启发诱导，学有所成者，多出其门。城乡后学采芹折桂者多出其门。

文字简短，内容却很丰富，也就是说谷长年培养了很多优秀的学生，即"采芹折桂"者也。

孙宝田关于姜永庚的介绍和评价是这样的：

清金州厅城东姜家堡子人，字耀西，以增生屡试秋闱不第，设帐课徒，二十余载，弟子若宋含章、徐纯修、高庆仁、王来山等，皆有声庠序。光绪甲午战后，盗贼蜂起，练乡团，推永庚为团长，一乡卒赖以安。迨丁酉冬，俄占旅大，平治郭家岭（普兰店境内），境内人民亦依永庚为保障，至今称之。

姜永庚培养的学生也很多，并且有名有姓的居多，既然有姓名当然就是有成就的。更为神奇的是，甲午战争之后因为土匪多了，姜永庚居然还当上了这一带练乡团的团长，这就有点儿文武双全的意思了。

棋杆村百年老宅的局部风貌

绿茵灵魂 "万金油" 毕妍

体育明星级别的除了"赵万米"，登沙河还有一个中国女足的中场"万金油"毕妍。

毕妍出生于登沙河马蹄子村，她6岁就进了大连足球运动学校进行专业训练，10岁转入大连女足二队。1999年年仅15岁的毕妍首次入选国家青年队，2002年入选国家队。23岁时的毕妍，可以说是中国女足的后起之秀，她在场上能适应多个位置，因此被称为中国女足的"万金油"。

从2002年进入中国女足国家队开始，毕妍作为中国女足的主力中场，参加了奥运会、世界杯、亚洲杯等多项大赛，看过老女足的辉煌，也经历过新女足的低谷。

尤其2004年雅典奥运会，中国女足0：8不敌德国的痛苦回忆，让毕妍变得更加坚强了。

毕妍在2008年女足亚洲杯决赛上，显示了她的实力也绽放了光彩。

当时是中国队和朝鲜队决赛。比赛开始之后朝鲜队就摆出了一副进攻的态势，虽然朝鲜队的攻势比较强，但第11分钟是中国队首先取得了进球，进球的就是毕妍。

这是毕妍的一记大力远射，球既有速度又有力量，朝鲜队守门员对此无能为力。

但最后是中国队1∶2输给了朝鲜队，中国队获得了亚军。

在北京奥运会的比赛中，女足锋线由韩端、马晓旭组成"悍马组合"，不过她们能否发挥出强大的攻击力，关键还是要看中场毕妍的支持，毕妍是"悍马组合"的坚强后盾。这样韩端、马晓旭和毕妍大连三姐妹组成了中国女足的前场"三叉戟"。

许多女足球迷更熟悉的也许是常进球的韩端和马晓旭，其实站在她们身后的毕妍同样功不可没。正是毕妍的拼命奔跑，为韩端和马晓旭创造出更多的射门机会。

这个从登沙河马蹄子村跑出来的女孩，也许真应了"马蹄子"这个名字，天生就比别人能跑。

毕妍在中国女足里，依然带着明显的男性打法特点，能跑、能抢、能拼。她还常常以一脚标志性的远射帮助中国女足获得比赛胜利。

毕妍被圈子里称为女足的过渡人。为什么说她是中国女足的"过渡人"？过渡，顾名思义有承上启下的意义。号称女足"万金油"的毕妍，是中国女足历史上最令人扼腕的承上启下的代表之一。

退役后的毕妍，回到了母校北京师范大学担任体育老师，至今为中国女足输送了不少好苗子。2016年被彼时的女足主教练布鲁诺·比尼招募入队担任助教。

毕妍在绿茵场上

风流潇洒小生岳峰

　　登沙河的文艺人才也是群星闪烁。例如现在正红的国家一级演员、大连京剧院的当家小生岳峰。

　　岳峰 1978 年 12 月出生在南关村，2002 年毕业于北京师范大学表演艺术学院，先后随诸世芬、朱福侠、萧润德等老师学习《黄鹤楼》《忆十八》《雅观楼》《群英会》《打侄上坟》《奇双会》等剧目。曾获大连市舞台艺术新秀表演赛一等奖、新人新剧目展演表演奖，2000 年获得辽宁省戏剧"玫瑰奖"，2001 年获辽宁省第五届"蓝翎杯"艺术节优秀表演奖，2005 年获大连市舞台技术表演赛一等奖，2003 年获全国"国蕊杯"中青年戏曲演员大赛银奖。

　　岳峰饰演的主要角色很多，主要有《八大锤》里的陆文龙、《忆十八》里的梁山伯、《白蛇传》里的许仙、《群英会》里的周瑜、《穆桂英大破洪州》里的杨宗保、《小宴》里的吕布，等等。

　　一听戏里角色的这些名字，你眼前也许就会立即浮现出那些白袍小将，那些儒雅书生，或一杆银枪一柄铜锤杀进敌营如入无人之境，或羽扇纶巾谈笑间樯橹灰飞烟灭的英姿。

　　岳峰在舞台上就是这样子，想不帅都不行。

　　小时候在村里长大的岳峰，城市对他来说就像遥远的国外。12 岁那年父母看他有文艺天赋，也想让他走出乡村，于是让岳峰报考大连艺术学校。

岳峰自己是喜欢舞蹈的，可到了艺校后，老师看了看岳峰父亲不到1.70米的个头，就建议让孩子学京剧。舞蹈和京剧本是风马牛不相及的感觉，京剧讲求的是横平竖直，勾着脚背，收着下巴，拧着眉，这让岳峰很不适应。回家和父母大嚷："谁给我报的京剧啊？上课也不让笑，天天绷着。"可父母坚持，岳峰就这样误打误撞入了京剧行当。

入行时，岳峰学的是"老生"，但老师鉴于岳峰的形象，加之当时小生是个冷门，所以让他改唱小生。四年级时，岳峰有幸师从袁世海先生的师弟诸世芬老师，学了《黄鹤楼》中的周瑜。上装彩排后，岳峰的周瑜扮相让大家眼前一亮。

舞台上的潇洒小生

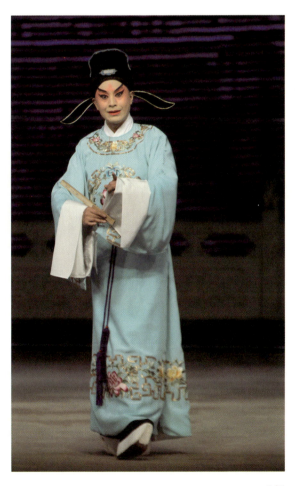

后来岳峰参加了2000年全国成人高考，并以辽宁省第二名的成绩考入了北京师范大学表演艺术学院。在北京的两年时间里，岳峰系统地学习了姜派小生艺术。学习的同时，岳峰参加了许多演出，也有机会与京津地区的京剧大腕们同场演出。最让岳峰受益匪浅的是能有机会与梅葆玖老师一同出演《凤还巢》。

在北京的两年，岳峰几乎演遍了北京的各大戏院，从长安大戏院到湖广会馆再到中央电视台，李瑞环等国家领导人都曾经看过他的演出。

岳峰在北京小有名气了。他有三张剧照被北京戏曲学校建校 50 周年纪念册收录，还考取了中国京剧院录用资格证书，等于有了中国京剧院的"准入证"。但是 2002 年他毕业后，杨赤团长一声吆喝："回大连吧，那里才是你的舞台。是人才在哪里都会发光。"就这样，岳峰又回到了大连。

岳峰说，大连京剧院"严谨、认真、执着"的精神让他对这里非常有感情，这是在其他地方找不到的。

岳峰还透露，他酷爱大连海鲜。他说自己"是被大连海鲜勾回来的"。

岳峰常常在大连宏济大舞台演出，也有很多粉丝。曾经有位戏迷在演出前跑到后台和岳峰说："你演小生不行，你应该看看昨天那个小生，和他学一学。那个小生叫岳峰。"当岳峰告诉戏迷自己就是岳峰时，那个戏迷怎么也不相信："你黑黑瘦瘦的，你不是！"当岳峰上了装在舞台上一亮相，赢得喝彩之后，那个戏迷又来到后台直称"神奇"！

岳峰的儿子岳子豪（前排右一）也继承了岳峰的文艺基因，开始在影视剧中崭露头角。

板胡大家白吉珠

白吉珠是在国内板胡演奏界很有名望的一位金州籍演奏家。

白吉珠是满族人，1936 年出生在登沙河老镇里，他在金县三中读书时就崭露头角，被市歌舞团知道了挑选去担任二胡和板胡演奏员，当时在三中轰动一时。

在大连歌舞团他担任了一辈子的板胡独奏员。20 世纪 80 年代，他的那把三弦板胡在中国民乐演奏界是独树一帜的。他是为大连歌舞团做出很大贡献的板胡演奏家。白吉珠的板胡演奏艺术在省内外都有很大的影响。

1980 年他曾经获得全国少数民族文艺会演大奖，即全国少数民族文艺会演独奏奖。这说明，白吉珠在那时已经在板胡演奏上取得了国家级的成就。

中央民族大学教授、被称为"中国民族音乐学之星"的袁丙昌先生，当时曾发表文章对全国少数民族文艺会演盛况进行了评述。他指出："从会演中我们看到民族器乐表演方面既出了作品，又出了人才。"他特别提到大连歌舞团的白吉珠用三弦板胡独奏的《家乡美》达到了较高的艺术水平。

三弦板胡是白吉珠对中国民族乐器板胡进行改造后的一个成果。这项改革获得了国家的专利，并且在板胡演变史上占有一席之地。《大连日报》曾对此事专门做过报道；大连人民广播电台还为白吉珠先生录制了 90 分钟的三弦板胡独奏专题节目。现在讲中国的板胡改革史，都得提到白吉珠改制成的这把三弦板胡。

1979年，白吉珠将传统板胡改革并制成三弦板胡。三弦板胡有高音和中音两种。三弦板胡的弓在弦外拉奏，可奏双音、和弦及简单复调旋律。

经过白吉珠改制的这种三弦板胡增加了传统两弦板胡演奏的表现功能。白吉珠凭借这项板胡改革成果足以名垂中国民族乐器改革史；而三弦板胡的存在，必然能让白吉珠的美名传扬下去。

白吉珠身材高大，在街市上行走时，不认识的人常误以为他是欧洲人。他的独奏剧照，也俨然一位欧洲艺术家在演奏。

作为大连歌舞团的资深板胡演奏家，白吉珠平易近人、幽默机智。退休后夏天时他坐着小板凳，光着膀子，如痴如醉地演奏他的三弦板胡或二胡，《家乡美》和《空山鸟语》是许多朋友每次都要求他反复演奏的两首曲子。尤其是《空山鸟语》里的鸟鸣声，让白吉珠演绎得惟妙惟肖！

大提琴家关正跃

高家村有一满族关姓人家，父亲是关云龙。关云龙1950年11月加入中国人民志愿军的队列里，参加了抗美援朝战争。

1956年，关云龙转业回到大连，在大连造船厂技术科工作，他也是中国第一艘万吨巨轮的建造者之一。1964年关云龙著有《无损检测》一书，是造船方面的技术书，国防工业出版社初版，1973年国防工业出版社修订再版。

1968 年关云龙调入渤海造船厂担任科协主任、高级工程师，为"两弹一星"、建造中国第一艘核潜艇做出了贡献。

1978 年他获国家科技进步二等奖，曾任世界无损检测协会会员，中国无损检测协会理事，葫芦岛市第一、二、三届政协副主席。

关云龙的儿子关正跃是国家一级演奏员，中国著名的大提琴演奏家。

关正跃出生在高家村，后来曾任长春电影制片厂乐团大提琴声部的首席、辽宁交响乐团大提琴声部首席和北京交响乐团大提琴声部首席，现任中国爱乐乐团大提琴声部副首席、中国音乐家协会室内乐学会理事，是中国爱乐乐团弦乐四重奏的主要创始人之一。

关正跃 1998 年是辽宁省器乐大赛金奖获得者，1999 年 10 月在北京交响乐团任大提琴声部副首席。2001 年进入中国爱乐乐团，获得一级演奏员的席位，并成为中国爱乐乐团弦乐四重奏的一员。

关正跃的大提琴演奏音色细腻、优美动听、技巧娴熟，有很强的感染力。他从事古典音乐演奏 30 多年以来，对每一场音乐会的演出都会做到精心准备、认真练习、精益求精，演出时非常投入，使自己呈现出最完美的状态。

关正跃和国内外许多著名的指挥家及演奏家都合作过，他对中国音乐风格准确的理解和正确的把握赢得国内作曲家们的认可。与他合作过的指挥家有余隆、汤沐海、水蓝、吕嘉、李心草、马里纳、弗拉基米尔·阿什肯纳齐、迪图瓦、奥科·卡姆、米哈伊尔·普雷特涅夫、克劳斯维瑟恩等，大家对关正跃都有好评。

和他合作过的演奏大师有多明戈、麦斯基、萨拉·张、郎朗、马友友、帕尔曼、奈杰尔·肯尼迪、杜梅、林昭亮等；其间演奏了百余部中外交响乐、协奏曲、歌剧、舞剧作品，其中一些作品是世界首演；参与录制了由德意志唱片公司制作、郎朗担任独奏的钢琴协奏曲《黄河》，积累了丰富的乐队演奏阅历。

知道关正跃名字的人一定不多，但是听过他演奏的影视配乐及歌曲的人一定不少。他录制了大量的电影电视剧音乐和歌曲，并担任大提琴独奏部分的演奏。其主要电影音乐作品包括《英雄》《满城尽带黄金甲》《无间道》《落叶归根》《立春》《天下无贼》《集结号》《非常完美》《建国大业》《建党伟业》《少年冼星海》《袁隆平》《铁人》《情癫大圣》《封神榜》《长安街》等。电视剧音乐作品有《大宅门》《乔家大院》《大明王朝》《三国演义》《激情燃烧的岁月》《乡村爱情》《闯关东》《北风那个吹》《潜伏》《我们生活的年代》《我的团长我的团》等。其中大部分影视作品中的音乐均获得国内外音乐大奖。由周杰伦作曲并演唱的《菊花台》，前奏的大提琴独奏就是关正跃原版演奏的《夜的第七章》。各电视台曾经热播的电视剧包括《芈月传》和《人民的名义》等，剧中的大提琴独奏也是他的作品。

可以说，国内影视剧里有大提琴独奏的音乐作品，大部分都是由关正跃演奏的。

2008 年他还参加录制了奥运会开幕式音乐及运动员入场和颁奖音乐；2009 年全程参加了为国庆 60 周年献礼的大型音乐舞蹈史诗《复兴之路》的音乐录制和舞剧《解放》的音乐录制。

除此之外，关正跃还参加录制了自 1999 年至今历届央视春节晚会、文化部春节晚会、双拥晚会、元宵晚会、新年晚会、中秋晚会等的音乐录制并担任其中的大提琴独奏部分。

其中，他近期为武汉加油、为中国加油制作的大提琴独奏视频《我和我的祖国》点击量超过 150 万。

关正跃有一个堂兄叫关正斌，也是出生于登沙河高家村。关正斌 1976 年进入辽宁青年足球队，1978 年到国家青年队，1981 年入选中国国家队并随队出访美国、日本。1987 年他加盟沈阳部队足球队，关正斌从沈阳部队足球队退役后，进入八一队教练组，先后为庄连胜、贾秀全、裴恩才等人担任过助理教练。

高家村走出来的大提琴家
关正跃

附录：王公墓碑记

　　乡晚生张本义拜撰，杰贤书丹

　　先生讳天阶，字仲升，号南溪，祖籍山东蓬莱，后迁至金州城东，遂占籍焉。先生幼而歧嶷，天性肫笃，且敏而好学，涉猎诸子百家，芳名超卓金城，为清光绪间贡生。精于书法，当其赴京科考之时，有"字压三省"之誉。先生之诗词，亦为时人所推重，有诗集十数卷，惜未刊而流佚。先生一生业儒，淡于名利，洵有高士之风。清季，金州为俄人强租，俄人横征暴敛，民不聊生，光绪戊戌腊月，先生所居之沙家屯、刘家店、大刘家至华严寺、粉皮墙一带，数十村上万群众起事，反俄抗捐，惨遭血腥镇压，震惊中外。当其时也，先生不顾生死，挺身而出，据理与俄人交涉，遭俄人忌恨，遂禁锢之。其间，先生不挠不屈，无亏大节，后缘清廷出面，方得生还。其事迹炳彪青史，至今犹为乡人称颂。卒于民国二十六年春，归葬于沙家屯南。郑、石二太夫人祔之。越五十五年，政通人和，百废俱兴，遂有为先生重立碑之举，属余为文，是为记。

公元一九九二年岁在壬申清明敬立

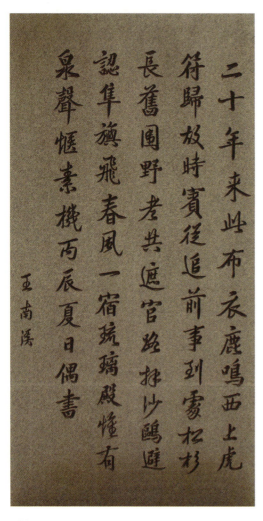

大黑山观音阁碑林中的王天阶诗碑

赵德新（左四）与刘长春（右一）、于希渭（左一）等东北大学的校友合影

1930年赵德新在全运会上获奖的合影留念

棋杆村老宅子博风板

毕妍（右一）在足球场上的风采

当年辽宁男子田径队选手合影

当年以刘长春（右二）、赵德新（左一）、于希渭（左三）等金州人为主的辽宁男子田径队合影

山是黑的，
海是蓝的，
楼是红的，
风是暖的。

奠基石沉默不语孤独伫立，
执锹铲土的人儿已经远去。
这里，永远是一个原点，
永远有过去的影像和记忆。

06

奠基之人　开拓之功

"老范宾馆"与银帆

老开发区人尤其20世纪80年代的"老开发们",谁不知道范勇昌呢?

1

1984年6月1日,那是一个阳光灿烂的日子。大连经济技术开发区开发建设公司(下简称"开建公司")的98名干部登车悄然北上,他们出大连市区之后,走南关岭、前关、大连湾,再经金州而来到大孤山乡马桥子村,由此,拉开了"中国神州第一开发区"开发建设的帷幕。

这支队伍的领头人,是开建公司的总经理范勇昌。

范勇昌率领开建公司进入小渔村马桥子后,先进行地形、地貌、地质、水文、气象等方面的勘察、测量、统计。他们用双脚丈量了开发区的每一寸土地,拿出了各方面的相关数据,然后开始总体规划设计,以及水、电、路、气、电信等"七通一平"基础设施的施工建设。

大连开发区初期的基础设施工程,都是开建公司做的。

那时整个开发区就是一个大工地。开建公司在马桥子10平方公里范围内,开山修路,挖沟铺管,盖房筑屋,干得热火朝天。作为总经理的范勇昌白天跑工地,看现场,或者登上山坡丘陵,或者跳下几米深的管沟,甚至钻进水泥管里去检查;晚上又要组织大家开会,布置安排工作,共同商量怎么在这一张白纸上画出最新最美的图画。

会议结束之后，范勇昌还常常连夜到长春路、沈阳路、哈尔滨路这些主要的基础设施建设工地去检查。开发建设初期，天天坚持在马桥子村摸爬滚打、一身泥土搞建设的大连市市级领导干部，范勇昌是第一人。

1988年10月，开发区已经有了模样，形成了规模。范勇昌却告别了开发区，调任到大连市政协任副主席。临别之际，他收拾自己的行装，把那双一直跟着他又沾满泥巴的雨靴拿起来看了又看，最后还是装进了自己的箱子里。

2004年夏天，大连开发区电视台制作了一个专题片《辉煌20年》，原本安排对范勇昌有一个专访，但正在病中的范勇昌却给电视台写来一封信：

……在最初的几年中，参与开发区建设的有数十家设计单位、数千人参加的建设大军，那时有一个共同的口号，大家都是开发区的主人，为能参加开发区建设而荣幸、自豪。真是一心扑在工程上，整天与泥土打交道，不叫苦不知累。争分夺秒，为早日实现市委、市政府提出的目标而拼搏着，为早日看到一个现代化的新城市而欣慰。至于我本人只是当时参与建设的一员，不必单提。

2009年10月15日，大连开发区在大剧院举行庆祝开发区创立25周年纪念大会，在这次会议上，范勇昌和崔荣汉两人被大连市委、市政府特别授予了"大连开发区特殊贡献奖"的称号和奖章。当市委书记夏德仁为范勇昌授奖章时，全场掌声雷动，经久不息。

2

登沙河走出去的企业家，据说十个人里就有八个是和建筑行业有关联的，但是搞建设，第一人是范勇昌。

范勇昌是登沙河范家村大范家屯人。

在范家村采访时我问了很多人，却都不知道范勇昌这个人。后来有位老人说他知道范勇昌的名字，但他也从来没有见过本人。

他们说，范勇昌一家离开范家村很早很早了，所以现在村里的人都没有见过他，或者只闻其名不见其人。

范勇昌1930年在大范家屯出生。金县解放初期，他是金县三中第一批学生党员中的第一名，那时才刚刚18岁。

范勇昌后来是旅大市团委书记、旅大市革委会副主任。1975年还在大连钢厂担任过两年副厂长，1978年到1983年期间任旅大（大连）市人民政府副市长，分管文化教育。

到了1983年4月，正逢大连市政府班子换届。换届时中央有一个"干部四化"即"革命化、年轻化、知识化和专业化"的硬杠要求，其中年龄和文凭的硬杠就卡下来两个人。

一个就是61岁的市长崔荣汉退了下来，调整为大连市委第二书记；再就是副市长范勇昌退了下来，到市建委当主任。

退下来第二年即1984年，年初大连市委准备创立全国第一个经济技术开发区。

要建开发区了，谁去打头阵？谁去当尖兵？

大连市委决定把范勇昌推到第一线，成立大连经济技术开发区开发建设公司，范勇昌是总经理。公司主要负责开发区的"七通一平"建设，要先期进入马桥子村，他们是创建开发区的先头部队。

二话不说，范勇昌率领队伍来到了小渔村。

范勇昌任劳任怨，当副市长的时候这样，不当副市长了，还是这样——哪里艰苦哪里去。年轻的同志被提拔重用，排在他的前边主持工作，他还是一样支持工作。大家说起来，都认为范勇昌是一个党的好干部。

说起范勇昌，"老开发们"都服气，都说那是个实干家，是为开发区做出了贡献的人。

为开发区做出了贡献的人，人们永远不会忘记他。

3

范勇昌初到开建公司,就大胆起用了已经退休的张士英来当副总工程师。

当时有人推荐说:"市房产局的总工程师张士英那是一把好手,曾经干过许多大工程、棒棰岛宾馆、碧流河水库、大连—旅顺中路大桥、龙王塘军港给水工程、海军学校,等等,可惜就是年纪大,已经六十了。"

范勇昌说:"不要设那么多的条条框框,年纪大怕什么?征求一下他个人的意见,只要他不怕吃苦就要来,我们需要这样有实践经验的人。"

于是,市房产局将要退休的总工程师张士英来开建公司担任了副总工程师,后来还成为五彩城建设指挥部的副总指挥,在开发区干了很多大工程。大家对张士英都是称呼为张老总,以示尊重。

范勇昌还有一处值得纪念的就是支持银帆宾馆的建设。

开发区最初的写字楼和宾馆设计方案,是打广告向全国设计单位招标的。于是,在很短的时间内,各设计单位纷纷拿着自己的设计方案和沙盘模型来到马桥子。开建公司把这些方案摆到东方剧场里,因为那里宽敞,让大家参观和评议。经过评审组和国内外 1500 余人次的参观评议,写字楼项目是东北建筑设计院设计的 1 号方案中选(即金马大厦方案),总设计师是陈成宇。

宾馆项目是黑龙江建筑设计院的 14 号方案(即银帆宾馆方案)在 9 家实力雄厚的设计单位的角逐中一举夺魁,设计师是徐勤。他是哈尔滨建筑工程学院(现哈尔滨建筑大学)毕业的一位工程师。

徐勤的设计颇为大胆,两座主楼为剪力墙式结构,酷似大海中两只不期而遇的白帆,相逢瞬间又要匆匆离别,擦肩而过,是典型的象征主义作品。在改革开放初期的环境下,这个设计方案过于浪漫、过于大胆,有一些前卫、另类的感觉。

他是受加拿大一船形建筑的启发设计而成,特点是各楼层逐层收缩,因此都有露天阳台,便于观海看景。

真的,那时银帆宾馆是可以看海的,不仅能看到大连湾,天高气爽时甚至能看到现在的东港那一片。

虽然经历了30余年风雨，当年许多建筑已显得有些落伍，银帆宾馆却依然魅力十足，青春常在。

但是银帆宾馆设计方案最终能被采纳，离不开范勇昌的全力坚持。当时甚至有人称银帆宾馆叫"老范宾馆"，因为是范勇昌坚持要上的项目。

专家评审组确定下来徐勤的方案之后，范勇昌怀揣徐勤的方案去向市委第二书记崔荣汉汇报。崔荣汉仔细看了宾馆的设计图纸后，对这个方案并不看好。原因有三：其一，徐勤这个设计结构比较复杂，在基础处理上花钱要多一些；其二，结构上小下大，即占地面积大而实际利用面积小；其三，楼层也嫌过低，有一点儿浪费空间的感觉。

开发初期，国务院只批了3平方公里的起步区，因此老书记的想法也非常现实。

但是在范勇昌的坚持下，崔荣汉还是接受了这个方案，同时提出在原设计方案的基础上再增加3层的要求。范勇昌带回来这个意见后，徐勤等设计人员再三斟酌，感觉加高3层之后整个几何图案的效果不好，于是总高度增加了2层。

宾馆设计方案确定后，叫什么名字好呢？范勇昌让开建公司政治部于怀江等人帮助出主意。政治部发动大家集思广益，一下子想出了10个名字，包括黄海大厦、黄海宾馆、银帆宾馆等，最后大家认为"银帆宾馆"最恰如其分。

1984年11月10日上午8时，炮台山南侧一阵排炮轰响，掀起层层的冲天土浪，标志着银帆宾馆工程正式破土动工。大连建筑总公司一建公司在工程中标后不到46小时即开进工地，银帆宾馆也成为长春路上第一个开工的项目。

开始是开建公司自己干，但不久资金不够了，怎么办？经过多方努力，吸引了辽阳化纤总厂入股作为合作伙伴。

但是1985年工程建设到一半时，赶上国家宏观调控。原来主要是从中国银行贷款，而此时中国银行接到指令——不允许继续贷款，银帆宾馆被迫停工。这时有人说，"金马"要趴架，"银帆"要落帆了吧，省里一位领导来了之后甚至也无奈地说"下马吧"。

老范不甘心，再找银行帮助想办法。后来听说，按规定，如果是中外合资企业就可以继续贷款。按此思路，开建公司经多方努力，联系到中国银行总行在美国开办的一家子公司——美国京伦公司（在美国注册），吸引他们加入，作为银帆宾馆的股东，于是银帆宾馆成为中美合资企业，又可以贷款了。

1986年，银帆宾馆工地上停顿了很久的搅拌机、长臂吊又开始运转，终于把开发区的一叶帆高高升了起来。

1987年，建筑面积3.9万平方米、高68米的雄伟建筑屹立在金马路上，成为大连开发区一个最好的标志。

2019年，市政府宣布了第一批《大连市历史建筑名录》。在第一批37处（43栋）《大连市历史建筑名录》中，最后一个竟然是大连开发区的银帆宾馆。

这是完全出乎意料的，因为要进入"历史建筑名录"必须是50年以上的建筑，市有关部门为保护开发区这个地标性的历史建筑，所以破格将其加入名录中。细细一想，银帆宾馆不是凭资历年龄，而是凭颜值和它的特殊区位。把它列入历史建筑名录中，它就有了一块护身符。

1987年正在建设中的银帆宾馆

4

那时回市政府开会，范勇昌也常常是车过家门而不入，会议结束驱车直接回到马桥子，因为肩上的担子重啊。范勇昌说："那时就是为了争一口气。大连市里的主要街区都是日本人、俄国人建的，如今我们有机会自己建一个新城区，就一定要超过他们。"

1985年，《人民日报》一记者来到开发区采访，年轻的记者被年轻的开发区所感动，于是充满激情地写了一篇报道，提到了大连开发区南北主干道都是控制红线100米。

国务院特区办的同志看到文章之后发现，大连开发区没有按照国家批准起步区3平方公里的面积开发，而是超出了这个范围，于是派人来视察，严肃责问：你们修100米宽的路干什么，要修飞机跑道吗？并且进行了通报批评，批评大连贪大求洋。

通报下来之后，范勇昌的嗓子一下子就哑了，很长时间说不出话。上火啊，这边拼命干，结果却挨批。

除了上边的压力，身边也常常吹来冷风。开建公司开工第一年就投入2亿元基础设施建设资金，第二年又投入了1.2亿元。施工队伍干得热火朝天，却看不见高楼大厦，看不见项目上马，于是有人着急了："白花花的银子埋到地下管道里连个响都没有，这不是开国际玩笑吗？""有那么多钱不如用在老市区改造老企业见效快！"甚至有人指责"搞大了，搞洋了，金马、银帆都是冒进，马桥子建什么大宾馆啊"。

范勇昌坚信"栽下梧桐树，能引金凤凰"。开发区的基础设施建设在投入上始终坚持"两高两大"，即高起点、高标准、投大钱、干大事。然后再揽大项目、大生意。

耐得住3年的寂寞之后，大投入有了大收获。1988年良好的投资环境刚一形成，这里便成了中外客商竞相投资的热点，大连开发区以项目规模大、技术水平高的优势称雄于全国开发区。

当时一些外商赞叹：大连开发区好，好就好在有一座吸引人的"地下长城"。

这个"地下长城"的背后有一个人，名字就是范勇昌。

　　5

范勇昌爱才惜才。当年大庆市规划院院长王明历来到开发区搞庆港大酒店项目，范勇昌就主张把王明历调到开发区来。王明历调来之后，女儿正上高中，没有合适的学校。又是范勇昌联系了登沙河的金县三中，让王明历女儿到那里去读书。

范勇昌还有一件事，就是大胆起用金县三中原校长于振洋。

当时让人们没有想到的是，于振洋从三中校长的位置退下来了，一转身却成了大连开发区一所学校的创始人。

这还是因为范勇昌的爱才。

那是 1984 年初秋的一天，于振洋到大连市委去看望一个朋友。中午在市委机关食堂吃饭时，他偶然遇到了原来的老领导也是登沙河老乡范勇昌。

范勇昌老家就在登沙河范家村的大范家屯，20 世纪 80 年代初范勇昌任大连市副市长，分管文教，更熟悉这位金州重点中学的校长。

当时的范勇昌刚刚被任命，任市建委主任兼开建公司的总经理，负责开发区的基础设施建设。

他打招呼说："老于，现在干什么呢？"于振洋据实回答："已经退休了，在家干个体呢。"范勇昌说："那你到开发区来干吧，我们这儿正需要人。"

一次邂逅、几句对话就将一个新的选择摆在了于振洋面前。

1984 年，退休之后闲不住的于振洋贷款买了两辆卡车，领着身边两个孩子干起个体运输。

搞个体运输虽然辛苦但是挣钱，有时日收入就超过了他当校长的月工资。老于腰包虽然鼓鼓的，可心里却总是若有所失，常为自己离开挚爱的教育事业而遗憾。就在这时候他遇到了老领导范勇昌。

几天后，于振洋应老领导之邀来到马桥子。于振洋一走进开建公司那简陋的办公室，范勇昌就对在座的其他同志说："老于来了。我们请他来开发区办教育，搞一个职业中专，你们意见如何？"

于振洋，许多人都有耳闻，因为那是金县三中的校长啊！大家自然高兴赞同。范勇昌便对于振洋说："给你 15 万元、15 天左右时间，你把开发区的职业中专办起来吧，怎么样？"

范勇昌事前既没有找于振洋商量，这时也没有征得他的同意，事情就这样简单定了下来。

当年的"老开发"就是这样子，只争朝夕，说干就干。

建区之初，百事待兴，为什么要急着先建一所职业中专呢？

"老开发"们考虑的是开发区的未来和发展。建设开发区了，将来这里的孩子们怎么办？外资企业进来了，需要新工人怎么办？这些事情必须要想，更要做。

范勇昌安排完之后，开建公司党委副书记于怀江又和于振洋做了一些具体交代，事情就定了。

于振洋欣然领命，好像家里根本没有两辆挣大钱的卡车一样，开始忙着筹备建校办学。他在开发区一住就是半个月，这其间他只给家里捎了个口信，说他在开发区办事，家里的事让子女们料理。等回到家时，他才对家人说："开发区办教育缺人，我在那里已经工作了半月，我只能在家待两天，把两辆卡车处理了就回去。"

"刚刚买了车，有拉不完的货、挣不完的钱，卖它干什么？"

子女们你一言我一语，都不同意于振洋到马桥子去办什么教育，一心想留他继续搞运输挣大钱。

于振洋充耳不闻，也不为所动，他认准的事情别人根本改变不了。他只用了两天时间，便将两辆卡车和家里事务处理妥当，然后返回了开发区。

于振洋接受任务时，除他一个"光杆司令"，教师、学生、教室、教具等办学所需的一切都没有。他跑大连、走金州，先请来两位老同事做助手。在他的努力下，大连开发区的第一所学校——职业中专，终于在 1984 年 12 月 9 日举行了开学典礼。

这时候，与他接受任务仅仅相隔 23 天。学校从招收第一批 160 名学生起，逐渐发展成后来拥有普通高中、初中在校生过千人的学校。学生还没有毕业，外资企业的老板就来学校要人了。

于振洋在开发区办学第一年，开始每月只有几十元的生活补贴费，后来的每月聘金也远远不及他在家搞运输的收入。曾有人大惑不解，还给他算了一笔细账，说他这两年多若不是到开发区办学，在家搞运输，早已是数万元户了。

"燕雀安知鸿鹄之志"啊。

于振洋从零起步，默默地为开发区教育大厦垒上了第一块基石。经过几年的努力，一直到学校初步形成规模，于振洋才再一次"退休"。

现在，开发区职业中专已经发展成为职业教育集团，于振洋由此也成为开发区教育事业的奠基人。

在大连开发区创业初期范勇昌（前排左四）和于振洋（前排左三）在开发区职业中专前留影

附录：范勇昌

范勇昌，1930 年 11 月出生，辽宁金县人。1948 年 12 月加入中国共产党，1950 年 11 月参加革命工作。历任共青团金县委员会学校工作部干事、副部长、部长，共青团大连市委员会少年儿童部副部长、部长，庄河县黑岛公社党委第一书记，共青团旅大市委员会书记，大连起重机器厂党委常委、革委会副主任，大连钢厂党委副书记、革委会副主任，旅大市电子工业局党委书记、革委会主任，旅大市文教办主任、党组书记，旅大市革委会副主任，大连市政府副市长兼文教办主任、党组书记，大连市城乡建设委员会主任、党组书记。

1984 年 6 月兼任大连经济技术开发区开发建设公司总经理，1984 年 10 月任大连经济技术开发区管委会副主任。

1988 年 1 月任大连市政协第七届副主席，1993 年 2 月任大连市政协第

开建公司总经理范勇昌（左一）、副总经理孙秉卿在开发区建设工地上的合影

1984 年 10 月 15 日在大连开发区正式创立之时范勇昌代表开发区
人上台接过大连经济技术开发区管理委员会的牌匾

146

在大连开发区建区 25 周年庆祝大会上大连市委书记夏德仁（右一）向范勇昌
颁发了特殊贡献奖章

古城采风东行早，
登沙河口观大潮。
野阔天高青庐远，
暮云春树原乡老。
门前燕子村头鸡，
房后瓜豆路边枣。
晴耕雨读慢时光，
揖别江湖做渔樵。

07

老树老宅 老街老景

老镇老宅有韵有味

登沙河乡村里的老宅子老建筑，初看，似乎并不起眼；细看，却非常有味道有韵味，而且非常有内容有内涵。

1

登沙河现存最老的宅子，当然首推棋杆村（今棋杆社区）的那栋夏氏老宅。

夏家的这栋老宅的确够老，够资格。这栋老建筑临街而且一排三个门洞。它和董家沟民国时期刘佩芝的老宅子又不一样，它的年代看上去更久远。久远的历史痕迹从门洞、大青砖以及建筑细节上都可以看得出来。

说它是一栋老宅子，首先看屋顶上的瓦和屋檐的瓦当滴水，这些地方看得出来。现在乡村里有很多老房子，屋顶上都是那种较大的日式瓦，即从左到右压边的覆盖式而不是中国筒瓦的上下覆盖式。一看这个年代感就出来了，现在的瓦当和滴水与过去不一样，甚至有的就省略了。

其二是门洞很深，门洞讲究就更多了。夏家老宅有一门头上的额枋，上有九块画板，当年应该是春兰夏荷秋菊冬梅类的木雕画吧，但现在风销雨蚀已经看不清楚了。门洞里有龛有画，龛虽然已经被红砖水泥抹上，依然看得出痕迹。画是左右墙上的装饰，尽管年代久远，依然看得出左右是青松和翠竹的两幅造像。

其三是老宅的博风板上还有字，有一处隐隐能看出是"宜"字，另一块就已经完全辨识不出来了。再就是一些枋柱之间的精细雕刻，现在依然看得出来。

在棋杆社区，夏姓人都讲这是当年他们四位老祖宗修筑的大瓦房，哥几个一起在这里安下了家，为后人留下了这栋老宅。这栋宅子的特点是夏家的后代一直住在这里，不像有的村子，虽然是栋老宅子，却是解放初重新分配的，所以后来人说不清楚老宅子的来历。

现在看这栋宅子的确太老了，在中间那户人家的院子里，我隔着那扇木窗玻璃往里看，社区工作者小夏 96 岁的奶奶正躺在火炕上，窗子就是一层玻璃，很单薄，但小夏说，屋里火炕热乎，因此住在里面并不冷。

棋杆社区夏家老宅的门楼

2

登沙河有个排子村（今排子社区）。因为早年这里曾有成排的柞树，所以这个村的名字叫"排子村"。

当年那些成排的柞树是毁于战火兵乱，还是毁于饥荒年代，已不可知，总之，现在这里已基本没有柞树，只有杨树、柳树和各种向你炫耀色彩的果树。

到排子社区，付屯的李寿桐老宅值得一看，这也是登沙河最老的宅子之一。

这是原来登沙河大地主李寿桐家的宅院。李寿桐外号"李蝎子"，从这个外号似乎也可以窥见其人一斑。他的老宅包括正房 2 栋 10 间，门房 3 栋 12 间，但现在仅存正房 1 栋，面阔 5 间，进深 1 间，门房 2 栋，门房面阔 4 间。

进去看，正房的主体均为砖石结构，宅子下部为雕刻精美的花岗岩砌成，上面有荷花、牡丹等雕刻花纹，院内西部有口井。据现在的房主老董介绍，这栋建筑最少也有 100 余年，属于民国时期的建筑。院落布局小巧规整，具有典型辽南民居特色，对研究辽南传统民居和金州区地方史是有一定价值的。

现在的正房 5 间，东 3 间有人居住，外墙因为几次维修，模样已经有所改变，抹有一些水泥的痕迹，但下面还保持原状。西 2 间已破旧不堪无人居住，西面的门洞彻底拆毁了，东中门洞基本保持原貌。

实际登沙河各村都有一些老宅子，不过年代不一、特点不一而已。

在段家村也发现有几户老宅子，村书记李鹏昌曾经领着我走了好几处。但这几家老房子已经没人住，或者说已经荒废了。正门和院子门前种的都是玉米，小青纱帐密不透风，你根本走不到门前和窗前了，我拿着相机只能在两侧拍照，看见有一户门前的门牌号是"段家屯 142 号"。

在程家社区谷家屯 92 号也有一户老宅子，至少百年以上。这栋老宅里面已经不能住人，旁边是这家主人盖的新房。主人姜廷滨说，房子是他的太爷爷盖的，现在已经有 100 多年了，是日本殖民统治初期盖的这栋房子。

这栋房子南面开门，东面一窗，西面两个窗子，也就是说西面有两个屋。

房基础是一米多高的大青石、花岗岩，上面是青砖，屋顶青瓦。但屋顶是平的，和当时的建筑不太协调，那时多是坡屋顶覆盖屋瓦。

以现在的眼光看，房子低矮，比旁边毗邻的新居足足矮了半头。但当年应该是很洋气的，门上现在还能看到有两个如荷花瓣的花纹雕饰。

排子社区的百年老宅

3

登沙河正阳街是一条老街，老街的两侧都是民国时期老建筑。

当年火车站正对着这条街，这里是客流物流的集散中心，所以很热闹。外来人一下火车就能看见街两侧的联营公司、百货商店；还有一饭店、二饭店、三饭店，等等，实际它们的全称是供销社第一饭店、第二饭店、第三饭店；还有国营旅社、五金商店、家电修理社、花店，还有那个老照相馆，现在都没有什么变化，老登沙河人，几乎都在这里照过相。

正阳街里的这些老房子，百余年都是这个模样，有人说有点儿老民国时期的感觉，起脊的屋顶、砖砌的烟囱。街上保存着20世纪80年代末、90

年代初小镇商业的模式和规模。一排排老房子，虽外墙斑驳，在光与影的映衬下，却如油画。窄窄的小巷子，干净得不像农村的街道。这里，其实很适合拍摄一些民国时期的影视剧。

在 20 世纪六七十年代，只有镇上工厂里的工人才能住上这样的房子。那是一段登沙河镇引以为傲的历史。那时周围乡镇的姑娘都想嫁到登沙河。为什么？因为登沙河很富，镇上有金州最大的化肥厂，还有电机厂、皮革厂、开关厂、农用机械厂，还有养马场、养猪场，厂里的工人都是正式的国家工人，非农户口。

就是前几年，这里也有 3 万余名大钢基地的建设者，人来人往十分热闹。

在正阳街，人们常常还会看到一位老人在街边晒太阳。这位老人 2020 年时已经 103 岁，叫苗长清。他一直在正阳街靠纸扎手艺谋生，虽然说起来他是高家村人，但他在正阳街上做生意已经几十年了。2021 年他还在开发区搞了一个苗长清书法展，人书俱老的确是一大特点。

一位百岁老人，也可以成为这条街的一个符号。

4

登沙河的文化馆现在算来也是一座老建筑了。

文化馆坐落在正阳街西侧文化街的南端，始建于 1957 年，建筑面积约 480 平方米，有 500 余个座席，建筑风格为典型的 20 世纪 50 年代苏式礼堂样式，和正阳街的那些老建筑又完全不一样。

文化馆正面看是两层建筑，一层设左右两扇大门，二层的门窗前是一环形阳台，显得很洋气。二层上方是装饰女墙，女墙上有三颗红星，最高端设置一旗杆。整个建筑正面是中间前凸，两侧后缩，呈一弧形，这样的建筑设计现在是找不到了。

这座建筑南北长 30 米，东西宽 16 米，前脸高 10 米，剧场内有观众厅、舞台、放映室。老登沙河人都应该有在这里看老电影的记忆吧。

文化馆建成之后曾一直是登沙河地区主要的娱乐文化场所，也承办各种

154

大型会议，是金州地区公共建筑的一个代表性作品。现在主体建筑坚固，馆内设施齐全，功能与初建时无异，但门窗已破旧，外墙斑驳，多年失修。文化馆西与登沙河中心小学为邻，东为居民区，北与大连诚宇船用高强紧固件有限公司相邻，门前为宽 15 米的柏油马路。

建筑风格独特的登沙河老文化馆

百年老树果实累累

1

大连环宇集团公司老总周全利对家乡记忆最深的影像，就是海头村（今海头社区）龙王庙前的那两株老银杏树。

在他的记忆中，那两株树甚至可能已经高达百米。我查了一下资料，实际是 40 多米高，因树冠大而特别引人注目，所以当年村里的孩子们以为会有百米高。

那时棋杆底空军机场进行飞行训练时，这两株银杏树就是一个大大的地标。周全利说，那两株树尽早装上避雷针就好了，因为在旷野里特别突出，所以后来在一场暴雨中被雷电击中了。

那是 1987 年 10 月 24 日，天空乌云密布，狂风大作，电闪雷鸣。当几声巨响过后，人们才发现龙王庙的两株老银杏遭雷电击毁，大树扑倒，枝叶满地，惨不忍睹。

大家先是惊讶，然后就有很多人涌来，拿着斧锯取银杏树的一段木，说可以避邪云云。

老辈人回忆，是清朝康熙年间，当时位于贾家屯的龙王庙翻修，人们在庙门前新植下了银杏两株，这两株树历经几百年风雨沧桑而长成参天大树。

银杏树是雌雄异株，异花授粉，这两株银杏是同性，所以一直未结果。

龙王庙地处登沙河东部最高点，土壤肥沃，两株银杏树高 40 米，树围 5 米。

一些老人回忆说，当年到 25 公里外的普兰店去赶大集，从普兰店街里就能隐隐看到龙王庙的老银杏，赶集往回走的时候这两株树就是方向标。

还听到过一个传说。

说龙王庙的两株银杏树是一对恋人化成的。远远看去，银杏树一高大一矮小，一壮实一丰盈，一清秀一妩媚，树的根部紧挨着，高大的树冠互相纠缠着，在风中拥抱着，分不清彼此，故像是一对恋人。

据传早年间有一年轻后生出海打鱼，他新过门的媳妇几乎天天到龙王庙为丈夫求平安。有一天，海风大浪掀翻了船，后生再没有回来，新娘就哭倒在龙王庙里。龙王爷不忍，把后生救了上来，后生回来时新娘已经死去，后生也悲伤至死。从此，他俩化成一对银杏树，在龙王庙前长相厮守。

解放之后，登沙河人对这两株银杏树是保护有加的。20 世纪 70 年代人们在山顶维修龙王庙蓄水池时，还买石料、筑花坛，将两株大树围在其中加以保护。但令人遗憾的是，由于缺乏避雷意识，两株地标性的银杏树毁于一场雷击。

那一场雷击大树的场面，对于登沙河人来说印象太深刻了。就是现在，一些老登沙河人还常津津乐道，回忆缅怀。

当年《金县志》记载的金州地区古银杏树只有 9 株：

会馆庙（今城内中学）2 株，树龄约 200 年。真武庙（今房产公司）2 株：东株高 19.7 米，树围 2.42 米，西株高 21.2 米，树围 2.25 米，树龄约 250 年。财神庙（今医药公司仓库）1 株，高 18.7 米，树围 2.88 米，树龄约 350 年。登沙河龙王庙 2 株。大李家乡太山村永清寺 2 株。

银杏树和龙王庙是在海头村，周围打鱼为生的渔民很多，使得龙王庙的香火也格外兴旺。远远看去，龙王庙里常常烟雾弥漫，尤其阴历六月十三的庙会，街上的人都是一脸喜气。每年龙王爷生日时，附近村民都要去拜龙王爷，求龙王爷保佑出海打鱼的人平安。

据历史资料记载，海头村还曾有一龙母庙，当时庙产有 60 亩田，住持叫王文友，每年三月三日为祭祀日，也是唱大戏并且有庙会。

现在阿尔滨社区也有一株百年以上的老银杏树，是在一家大院子里，树直径超过了 1 米，树围超过 3 米。我去采访时这个大院正巧门锁了，进不去，事先也没联系，所以没看上。

许多人都有感觉，面对银杏树时心里常常特别宁静。现在喜欢说岁月静好，但是在树木中，似乎只有银杏树能够传递这样的信息。许多银杏树都是在寺庙里，或者是在古老的建筑前，它们阅尽人世沧桑，却甘愿为这些老建筑做陪衬。

2

南关村（今南关社区）现在还有两株古树。

这两株古树在大连圣龙水泥制品厂南面，那里有一地势稍高的土丘，土丘上有一道小围墙，墙里就是这两株老树。村里人都叫它们老疙瘩树，因为树形盘旋扭曲，老干虬枝苍劲，问学名却都不知道。后来我请教新区的林业专家，他们说这是小叶朴。

小叶朴又叫黑弹树（种拉丁名 *Celtis bungeanaBl.*），是荨麻目榆科朴树属植物，落叶乔木，可高达 10 余米；树形美观，树冠圆满宽广，绿荫浓郁，适宜公园、庭院做庭荫树。小叶朴木材坚硬，茎皮为造纸和人造棉原料；果实榨油做润滑油；树皮、根皮入药治腰痛等病。可谓全身是宝。

到了树下会发现，这两株树的树荫下都摆放有瓷质的小礼器和一些祭品，而树上枝杈则系有很多红布条。看来，附近百姓对这两株树感情很深并且近乎崇拜。

古树和老宅是村庄里不可或缺的重要组成部分。

南关社区的两株老疙瘩树，学名是小叶朴

3

段家社区有一株百年的老枣树。

我在辽南走过的乡村里见过太多太多的枣树，但都没有这株老枣树雄伟壮观。

老枣树很高大，亭亭如盖，枝繁叶茂，树干就有一抱多粗。枣树的主人是年过古稀、头发花白的村民马永林。马永林说，这株枣树是他爷爷植下的，算起来120多年了。本来一起植下的是两株枣树，其中一株前些年被砍了，很可惜。这一株也曾有人主张要砍掉，说妨碍村里走路行车，被村书记李朋昌拦住了。

马永林说，秋天枣子熟了落地是厚厚的一层。我了解的情况是，现在稍偏僻一些村屯里的果树，秋天成熟时，很多果子都没人去摘，就是落在树下自生自灭的。

每个村子里的老枣树，孩子们都会记得的。去打枣去约女孩去找玩伴，都会从老枣树身边跑过。无论你是青梅竹马还是白发翁妪，老枣树都看着记着这一切。

和马永林聊起来，原来大连新商报社第一任总编辑马力就是段家村人，也是段家村马姓的一支。

在北关社区东南沟屯也有一株老树。主人是75岁的赵明忠，他家院子里的确是种着一株百年棠梨，棠梨树主干短粗而分出6个枝杈，枝杈再细分出更多，就像一把大伞，把赵家院子几乎都覆盖下了。夏天好乘凉，冬天可挡雪。

我去的时候是春天，梨花刚出，叶子已经舒展开了。秋天时摄影师王正去拍了照片，老树上的梨子煞是喜人，一株树果子可有上百斤。乡村里看果树和果子感觉喜欢喜庆，也是一种回味和怀念。

北关社区东南沟屯的百年棠梨树

阿尔滨社区的古银杏树

百年白果树

周长:2.9米,直径:0.93米

2006年3月8日

长岭寺和老爷庙

1

程家社区长岭寺屯因长岭寺庙宇而得名。

早年间长岭寺信徒最多时有 400 余人，每年三月二十日和四月八日为祭祀日即庙会，附近村屯来庙会参拜者常常逾千人。

长岭寺原有前殿三间、后殿三间，钟楼、火池各一个，东西客堂各五间，戏台一个，东西厢房各五间，院内还有古槐一棵。

据文献记载，长岭寺是清雍正十年（1732 年）修建的，解放后寺庙曾是程家生产大队的库房。1966 年"文化大革命"开始，寺庙就被拆掉了一些，到了 1976 年才彻底拆掉。20 世纪 80 年代时，村民张家在这个位置上建了一栋房子，其位置是原来长岭寺庙宇的客房，属于后院。

我去程家社区采访时，程家社区的陈会计领我去看长岭寺旧址。走到张家院子前，就看到当年寺庙的石柱和圆形的石墩在院墙里，还有一些大石块也砌在院子里。

陈会计询问房主曾经还有一块中间穿孔的拴马石时，房主张福连说，已经被金州博物馆拉走了。张福连已年过古稀，他的院子里有一棵牡丹和毛樱桃树，院子角落还堆着一些青瓦，就是当年从长岭寺庙宇上拆下来的老瓦。

长岭寺前殿、后殿的位置现在是张家菜园地，前殿的台阶、东厢房水泥地、西厢房地基石条等都还可见，据说原庙的石制廊柱（有石刻文字）还散落在本屯中。

当年庙里有很多画，这些画的内容主要是惩恶扬善。解放后，残破的庙墙上仍留有宣扬六道轮回、因果报应的佛教壁画。例如你如果说谎，下地狱之后就会被割舌头。画得很像，所以村里人们的印象很深刻。

一位村民介绍说，他是 1966 年出生，小时候就常常在那个庙里玩，和老和尚都很熟悉的，也常常听老和尚讲故事。他说长岭寺最后的那个老和尚叫王庆安，就是登沙河高家村人。那时他玩累了就在庙里的台阶上睡着了，醒了再回家。那时都是泥孩子、土孩子，不像现在的孩子们娇贵，他感叹。

长岭寺对面过去还有一个戏台，常会请外地戏班子来唱戏，很热闹。当年甲午战争时，日军从花园口方向进军金州，曾在这个村子里驻营扎寨。

史料记载，更早时长岭寺的住持僧人是澄心；后来的住持叫恒芳。恒芳道光年间受戒于京师。据《金州志纂修稿》云，恒芳精书画，善绘葡萄、墨龙，作品传至京师亦甚著名。

孙宝田先生所著的《旅大文献征存》曾记载长岭寺有清雍正十年修建的碑。

长岭寺遗址东西均为村民民居，背面为当地驻军楼房（现已废弃），南邻屯中乡村公路，一直向南 100 米为东西方向的大庄高速公路，西面 200 米的棋杆河上有通往登沙河军用机场的胜利桥，胜利桥也是一老建筑，始建于1957 年。日本殖民统治大连时的《满蒙研究汇报》杂志，曾刊登过长岭寺会的一首汉诗：

长岭寺会四十六村

长岭寺边稀世尘，绿荫浓处压芳春。

请看金厂湾头月，并得白沙兰水滨。

注解：长岭寺会面海湾，有金厂港，管内三港之一也，又有李兰河注于海湾，李兰河就是现在的棋杆河。

现在的长岭寺原址

长岭寺旧址鸟瞰

阿尔滨社区老爷庙旧址和老井（图片居中下部为老井）

阿尔滨社区的老井

2

在阿尔滨社区还有一老爷庙遗址。

因为过去庙中供奉的是武圣人关羽关老爷,所以村里人都简称为老爷庙。庙址就在阿尔滨屯西北处,是一砖、石、木结构的硬山式建筑,面阔5间,进深1间,东西各有耳房半间,其中西部耳房和钟楼都已被拆除。屋檐博风板前后4块均有文字,其中正面两块"文革"时被抠掉已认不出,背面还保留着,为"普照"二字,所以推测前面的应该是"佛光"两个字。

房西部有一口井,在井中据说曾经打捞出金代的铁锅1口,在这个院中还曾挖出小石人像数尊,在院的围墙中发现过功德碑残片3块。总之,这里似乎很神奇,总是会发现一些小的历史痕迹碎片。

一些资料记载,阿尔滨社区的老爷庙,庙产有5亩田,住持是傅延武,每年二月十日为祭祀日。老爷庙后来废弃成为村里的供销社,再后来又被卖给私人而空置。从庙宇建筑风格看,为民国时期建筑。

老爷庙东面约200米为阿尔滨社区的一口老井,有点儿像北关社区的小井温泉规模,但没有北关社区改造设计得好。南20米为村中小路,西南稍远一些是龙头山水库。

北关社区的小井温泉是乡村里的一个景观,因为这里有一个泉眼常年汩汩流水。村里的人都说,当年的泉水甜啊,而且冬暖夏凉。现在可能地下水质有些变化,虽然也可以喝,但是没有以前感觉那么甜了。

小井温泉位置在北关社区居委会边上,那里盖了一个亭子和一条长廊,现在已经成为北关居民休闲消夏聊天的一个好地方。小井温泉的亭上是老人关文刚的题字——"泉水生香"。

3

解放前几乎各村都有庙,常常就有庙会。庙会不仅仅有祭祀,而且有乡村之间的物物交换和贸易,还常有一些热闹的文化艺术活动。一些有钱人为求荣华富贵或多子多寿,便在庙会期间请戏班子演唱戏曲,以酬谢神灵;农民为了保丰收，祈求风调雨顺，也会出钱请人唱戏。

1923年日本殖民统治时期，出版了一本《关东州事情》的出版物，上面记载了大连地区包括登沙河区域一些寺庙情况和数据。据记载，姜家堡子还有虫王庙，有庙产48亩，信徒80余人，住持叫王定耀，每年六月二十四日为祭祀日。

阿尔滨村最早有一太平岭庙，庙产35亩，信徒有380余人，住持叫张学堂，每年五月五日为祭祀日。

棋杆村过去也有一娘娘庙，每年二月八日是祭祀日。

在采访中我还看到一张老图片，图片上的文字是"1935年金州登沙河，新建的基督教信义会福音堂，牧师曲延遂（后排左三）与当地的基督教妇女合影"。

登沙河竟然还有基督教堂？当年基督教在金州有教堂，此外是董家沟也有，想不到登沙河也有。教堂的地址问了一些老人却都不知道，估计应该是在正阳街一带。

阿尔滨社区的老爷庙旧址

机场、马场与水田

1

登沙河有一个建于 20 世纪 40 年代的机场。

大连市作家协会副主席、军旅诗人宁明就曾在这个机场工作了 13 年，他写过很多关于飞行员的诗词和文章，灵感多是来源于在这里的感悟和生活。

这个机场过去有称之为"棋杆底机场"的，也有称之为"登沙河机场"的，实际主要建筑部分是在现在丛家社区的地界里。现在那里只留下一条跑道，周围的房子已经破败了，拆得空旷旷的，原来塔楼营房还能看出来模样，如今物是人非，感觉有些荒凉。

机场位于登沙河街道东北 5 公里处，主体建筑分布在程家社区谷家屯以北至丛家社区破车沟屯一带，跑道呈长方形，附属建筑有飞机窝、油库、航材库、弹药库、营房、雷达站、修理厂等，12 处聚落群分布在跑道附近。

机场始建于 1945 年。苏军进驻金州地区后，先是使用日军俘虏来建造机场，初为简易跑道，以 2 毫米冲有圆孔的钢板连接而成。抗美援朝战争爆发后开始改为水泥跑道，并由我空军接管，当时登沙河附近村屯的百姓都参与了机场建设。

这个机场在抗美援朝战争中是我军主要后方机场之一；到了 20 世纪 50 至 70 年代又是我军一线机场，为保卫国防起到了重要作用。20 世纪 90 年代后逐渐裁撤，现已无空军驻扎，机场及其他建筑或空置或租于村民改作他用。这个机场对于研究我军空军建设及苏军进军东北和抗美援朝战争史都有重要参考价值。

机场跑道主体建筑北端为丛家社区，南为谷家屯，东南为程家社区长岭寺屯，东边棋杆河沿岸为程家社区李家屯和蔡家社区姜家屯、下孔屯，稍北为上孔屯，东北为丛家社区，机场的营房和附属建筑分散在附近村屯中，机场的油库和航材库有铁路专用线，在棋杆底与大庄铁路相连通。

2

登沙河有一个马蹄子村（今马蹄子社区），马蹄子本义来源于明末清初，当时这里就是牧马场。

清初这里还有大清八旗军的牧场，再后来因为久无战事战马遣散，空遗斑斑马蹄痕迹，村屯由此而得名。

在康熙、雍正年间，随着金州地区居民增加，养马业再次兴起。登沙河马蹄子、满家滩曲家村等处的官办牧马场重新恢复；民间养马也增多。马的品种多由移民从各地引入，以蒙古马居多。解放后著名的"金州马"也是在这里杂交选育而成的。

1948 年 12 月，金县政府先是在金州北门外建一处种畜场，继而又在三十里堡、登沙河马蹄子各建 1 处种畜场，从民间选购种马送往各处配种。1960 年金县对金州马进行 3 次普查，有计划选育，并且在登沙河确定了种马场，从民间挑选种马，最后选育而成了独具特色的"金州马"。并且后来被列为国家马匹优良品种。

据统计，20 世纪 80 年代以后，县内金州马已发展到 3500 余匹，占全县马匹总数 70% 左右。

1982 年 9 月，根据全国马匹育种委员会规定的新品种验收标准，经全国养马专家和省、市科委鉴定，确认金州马为国家马匹优良品种。

金州马是由当地蒙古马与"阿拉伯""安格鲁诺尔曼""哈克尼"等乘挽兼用型公马杂交改良，经 40 余年选育而成的。

3

日本殖民统治金州时期，曾经有一个闻名的日本移民村，大魏家的爱川村。

这是1914年日本"关东州"准备向中国东北实行移民计划的发端。"关东州"曾在金州地区做过一个调查，看哪里更适合日本的移民计划。因为日本人饮食习惯，其中能种水稻是很重要的一项考核指标，所以对普兰店赞子河口、金州登沙河口以及金州湾的大魏家河口等都进行了考核，最后因为交通便利和其他因素，决定在大魏家实施移民计划，这就是后来的日本移民村爱川村，现在叫"稻香村"。

登沙河的稻香村是高家村，现在村里有170亩水田即水稻。我去采访的那一天有些农户正在插秧播种。他们把水稻插秧的场面用手机录了下来而且还发了"快手"，表现他们插秧播种时的情况，配上背景音乐很有感觉。因为在金州在大连，很少能看到水稻插秧的画面，高家村的稻田插秧是非常典型的。

登沙河机场遗址

4

在登沙河的田野中行走，常常会想起《诗经》里的一首《小雅·信南山》（节选）：

> 信彼南山，维禹甸之。
>
> 畇畇原隰，曾孙田之。
>
> 我疆我理，南东其亩。
>
> 上天同云。雨雪雰雰，益之以霡霂。
>
> 既优既渥，既沾既足。生我百谷。
>
> ……
>
> 中田有庐，疆场有瓜。
>
> 是剥是菹，献之皇祖。
>
> 曾孙寿考，受天之祜。
>
> ……

或问，这是什么意思呢？

山川绵延不断，大禹所辟地盘。原野平展整齐，子孙在此垦田。划界开掘沟渠，田垄东南伸展。

雪花纷纷扬扬，细雨冥冥蒙蒙，水分丰沛足量，滋润灌溉四方，庄稼蓬勃生长。

田中搭有草屋，埂边瓜果菜蔬。腌渍献给老祖，后代福禄无疆，依赖上天赐福。

我感觉，这首诗和登沙河这块土地特别吻合。也许，当年的《小雅》之作就是在这里采风的吧。

段家社区的两处老宅子

登沙河乡村雪景

棋杆社区老宅子的局部细节

北关社区的一景——小井温泉

海头社区老房子

棋杆社区老房子

正阳街民国风格的老房子风貌

大河奔流出金沙，
三川入海落云霞。
南关老树北关井，
高家稻米马蹄瓜。
龙王庙前双银杏，
旗杆底下一壶茶。
浪迹天涯千万里，
乡愁乡情难放下。

08

岁月如歌　乡村传奇

乡村里的传奇——老战士

1

在姜家村姜堡屯我去采访了一个老战士的家。老战士名叫杨学南，2019年以90岁高龄谢世。

那天杨学南老伴和女儿都在家，满头白发的老伴笑眯眯盘腿坐在炕上，杨学南女儿在地下走动着和我们说话。村委会姜淑芳和姜娜介绍我们是来采访的，杨学南的女儿从箱子里拿出一个包袱皮，从包袱皮里翻出杨学南的一些证书和军功章、纪念章。

看到这些证章我真是大吃一惊，惊讶的是这里竟然有淮海战役、渡江战役纪念章，有抗美援朝纪念章等。

环视四周，这就是普通的一户农家民居，东墙挂钟旁贴着毛主席和习近平画像以及娃娃抱金鱼的年画。我在登沙河乡村走访了一些农家，屋里大都是这样的布置。

看了杨学南的几张证书，知道他原来在中国人民解放军第二战车编练基地，后来去华东军区摩托装甲兵司令部，1955年5月第二战车编练基地归济南军区装甲兵建制。杨学南从部队退伍回到金县，家里还保留着他当年在金县拖拉机手培训班的一些证书。

可惜的是，他参加过的那些著名大战役的经过，他南征北战走过的征程，

180

却再也没有人说得清楚了。

然后，我们又去姜家村拜访了第二个老战士的家，这是烧锅屯张万石家。

张万石 1939 年出生，生前在中国人民解放军 3282 部队当文艺兵。我在他家墙上看见一张很大的合影，照片题字是"党和国家领导人接见中国人民解放军第三次文艺会演"，时间是 1964 年 5 月 8 日。

张万石就在领导人后面站列的第一排中，这也是他骄傲了一辈子的事情。

姜家村的老战士杨学南和他的老伴、女儿

老战士杨学南的军功章、纪念章

2

排子村有一个老战士叫崔荣志。

崔荣志，1947年1月参加东北民主联军即四野，1947年12月入党。他参加的第一场战役是解放黑龙江的东风三棵树之战；第二场战役是解放吉林的梅河口；1948年参加解放文家台、解放四平的战斗和辽西战役，等等。在参加辽沈战役攻打锦州的战斗中受伤住院，养好伤后又随大军南下。

1949年，崔荣志参加平津战役，然后又参加解放汉口、长沙、柳州、海南岛等战斗，这时他已经是副班长了。在湖南战役中他胳膊负伤，后被评为三等残疾，伤好后继续跟随部队参加战斗。

1950年10月19日他任班长。他所在的部队也是第一批参加抗美援朝战斗的部队，那时他在第四野战军四十军一一八师三五二团三营七连二排三班。这个师的师长就是邓岳，邓岳的部队也是最早赶到朝鲜战场大榆洞的。

一一八师作为首批入朝部队，连续强行军五天到达战场，是他们打响了抗美援朝的第一仗。这段历史在电视剧《跨过鸭绿江》里有画面，那支脚步匆匆的队伍里就有崔荣志的身影，开国少将邓岳后来是旅大警备区司令。

老战士崔荣志在鸭绿江大桥前的留影

182

我们现在仅仅知道的是，崔荣志在抗美援朝战斗中立功一次，具体的战斗情节和那些炮火纷飞枪林弹雨的场面，已经无人讲述了。

1952年6月5日，崔荣志复员回到金州粮食局，被分配在三十里堡粮库做保卫工作，后来他又到金州重机厂。1962年3月他听从组织分配支援农业来到排子村，在村里先在生产队担任保管员，后来任民兵连长、治保主任、林业队长等职务，2011年去世。

他的女儿还在排子村。

3

棋杆村有一个烈士叫常忠树。

常忠树少年时期是以新社会孝子著称于乡里的，他父亲病重瘫痪，卧床多年，他接屎端尿，请医煎药，精心伺候，从无倦意。1969年苏联侵犯我国领土珍宝岛，16岁的常忠树义愤填膺，坚决要求参军参战，保卫祖国神圣领土，在部队的时候他勤学苦练，积极要求上进，一年后就加入了中国共产党。

1974年他退伍还乡又回到棋杆村。他怀着改变家乡面貌的雄心壮志，公而忘私，严于律己，被选为大队民兵连长兼治保主任，在农田水利建设中，他白天装炮点炮，晚上回家炒炮药。

1982年7月登沙河发生伏旱，常忠树心急如火，一连几天几夜连轴转，和社员一起拉车，昼夜轮班抗旱。由于施工时拖拉机突然颠覆翻倒，正在边上的常忠树不慎被压在大水箱下面，经抢救无效而献出了宝贵的生命。

金县县委追认他为优秀共产党员；大连军分区追记他二等功，追授优秀党员称号；《辽宁日报》刊发了他的生平事迹，称之为"活在人们心中的一棵常青树"。

正阳社区的老战士林凤岐，1948年3月入伍，1951年5月入党，是四野第四十二军一二六师三七八团的战士，从抗美援朝战场退下来以后回到家乡。社区还传给我他在抗美援朝时期的一些遗物照片，其中有林彪签名的"革命军人证明书"和绣着"保家卫国"字样的慰问袋。

老战士张洪福1947年8月入伍，1948年11月入党。他1952年11月入朝作战，1955年3月回国，1969年4月被分配到登沙河化肥厂工作，后来从单位离休。他曾荣立过集体三等功并有纪念章若干枚，可惜保存不善都找不到了。

正阳社区还有一个老战士叫楚保兴，也是参加过抗美援朝的。今年已经90多岁了，社区工作人员告诉我，老人到外地女儿家去了。联系不上。

4

在《金县志》中，我还发现了登沙河曾经有过那么多的老战士和革命烈士。他们的名字是：

阿尔滨村何庆轩；

姜家村宁文实、单文斗；

海头村姜广有；

正阳社区张德有、王连国、曹善寿、杨世宪；

高家村夏修德；

棋杆村丁贤模；

蔡家村周世官；

马蹄子村王佐祥；

排子村王景详；

段家村王维新、曲永福；

南关村刘玉海；

金星村李万林。

5

老战士在登沙河任何一个村子里，都是一个传奇、一个灵魂。因为他们曾经的世界太广阔了。

当然，在那个火红的年代，登沙河不仅仅只有老战士，还有很多很多故事。

　　抗美援朝战争爆发时，蔡家村的妇女王淑芝曾经写信劝未婚夫去报名参军，被村里传为美谈。农民杨茂盛三个儿子都去参了军，成为军人之家。还有排子村女青年李桂花、李当富听到征兵，便满怀热情坚决要求参军，村干部告诉她们不要妇女，她俩不信，一气儿跑到大连湾新兵站，经过那里工作人员耐心说服才回到村里。

正阳社区的老战士林凤岐与新一代的战士们

登沙河部队老战士的合影，照片中的人物姓名已不可考，我们只知道他们曾经在这里驻防过

姜家村曾在部队当文艺兵的老战士张万石（左）和排子村的老战士崔荣志

左图是排子村老战士崔荣志（右）抗美援朝回国时的照片

右上图是正阳社区老战士楚保兴的军功章和荣誉证书

下图是部队颁发给姜家村老战士杨学南的毕业证书

南关北关非一支

　　每个地方每个村屯都有世家大族，如果找登沙河区域的大姓人家，其实就在村屯的名字里。

　　1

　　在南关村和北关村我问过很多人，想追寻这里关姓的来龙去脉。但几乎没有人能说得很清楚，毕竟现代人兴奋点早已不在问祖寻根上了，但他们又异口同声地认为：南关村的"关"和北关村的"关"不是一个支系，即不是一"家"人。

　　根据金州的一些史料记载，南关和北关一是属于满族镶白旗，一是属于满族正蓝旗，而且北关村还有锡伯族关姓。

　　也有人说，北关村的关姓都是锡伯族人。锡伯族和满族再上溯虽然并不属于一个源头，但关姓即瓜尔佳氏都有，看来要厘清这层关系，确实是非常复杂的。

　　满族关姓从北京到东北来确有一些史料记载。如乾隆初年，盛世民安，八旗人口逐增。清廷为巩固边疆、繁荣肇兴之地，也为解决八旗生计，乾隆派大员至东北考察，勘定可适居地为拉林、阿拉楚喀地区，即现在的黑龙江省五常市拉林镇和哈尔滨市阿城区。圣旨一下，"拔旗户二千去拉林种

188

地"，史称"京旗移垦"。

京城旗人兄弟之中三人必去二，薪俸加倍，移居地已置齐全，不准返京。在乾隆九年（1744年）、乾隆十一年（1746年）和嘉庆年间都有旗人迁徙。迁徙地开始是黑龙江省阿城，后来又开始分散到各地。问及这些京旗老人由北京何地迁来，回答基本都一样：北京顺天府宛平县草帽胡同。

其实是当时办理移民的衙门设在北京宛平县的草帽胡同。

金州的关姓还有一个说法。

康熙皇帝1685年派骑兵进攻漠北的雅克萨，最终迫使沙皇俄国签订了著名的《中俄尼布楚条约》。在攻打雅克萨城期间，康熙调拨了大批八旗出关至各州府驻防，以增强东北的防务。驻防八旗的兵民，入则为民，出则为兵；无事农耕，战时出征。

这其中包括关姓一世祖雅思哈，于康熙二十六年（1687年）奉调至盛京将军在金州城东门外驻防，隶属金州衙门镶白旗第三甲喇南金社第九牛录。

这一支关姓由金州城东门外后来又分为三支：一赴二十里堡关家店，一赴登沙河大关家沟即南关，一迁至大辛寨子。如今关家店、大关家沟、小关家沟、老关嘴子等地名，就是关姓先祖落户于此逐渐形成的村落名称。由大关家沟分支的小关家沟、老炉、小刘家屯、大辛寨子等地的族人，原地域方位调整、改隶为满洲正蓝旗第四甲喇，归阿林牛录额真统领。

在嘉庆十九年（1814年）至道光年间，由于人丁滋生旺盛致使生计艰难，族人中有递名北迁双城堡屯垦戍边者，仍按原隶属旗分建立旗屯，在当地被称为"营子里人"，黑龙江省双城市青岭乡关家村的关姓族人就是来自大连金州老关嘴子大关家沟支系的后裔。

2

北关村因与南关村相对而得名。《金县地名志》记载，北关村的关姓是清代乾隆年间满族镶白旗一名喜瓜尔马达利的氏族居此建屯后开始称关家屯的。其后长子阳寿居东屯，次子托克托布居西屯，故北关村里又有东关家屯和西关家屯而相区别。

北关在20世纪50年代时曾经以"卫生村"而闻名全国。一个重要的标志就是北关"卫生村"的事迹曾出现在老电影放映前面的《新闻简报》上。老人们都知道，过去露天老电影故事片前的《新闻简报》的权威性相当于现在央视的《新闻联播》。

我采访了北关村一位古稀老人关淑卿，她就参与过当年"卫生村"的建设。那时她是北关村的一名赤脚医生，年轻而漂亮，像田野里的一朵花。她曾经也有机会走出乡村到大连市内去工作，但最终还是留在村里了。现在说起来她还是念念不忘那些往事，回忆中，有遗憾有自豪也有一些惆怅。

关淑卿和我一见面就说："我这个关姓是锡伯族可不是满族啊。"

关淑卿介绍说，她爷爷当年是在金州古城的衙门里当差的。爷爷名字是关作志，艺名却叫艺景泰。平时大家不能叫他本名而只能叫艺名，为什么呢？因为这是一种规矩。

后来北关村也有人整理家谱，他们也认为北关的关姓是来源于锡伯族。他们说，从历史文献记载和先辈遗言中都可以证明这一点。关姓原姓氏的"瓜尔佳氏"是锡伯族的姓氏，后来因敬重三国关羽之仁义，取"瓜"谐音为"关"姓延续至今。

因为历史上复杂的原因，锡伯关姓被编入满族镶白旗中，人们又称为"在旗"。

清时锡伯族人主要驻在齐齐哈尔、伯都讷、墨尔根等地，为什么有一支迁到北关村了，这也是有原因的。

清政府征服锡伯族之后，为了镇压其反抗而采取"分而治之"的政策，将锡伯族实行南迁和西迁，于康熙三十六年（1697年）将锡伯族从伯都讷等地又迁至盛京即沈阳，然后再分驻各地。当时迁到金州关姓随军来的有五位老太爷，北关村的是五兄弟之一。另四位住在杨树河、望海宅、达子屯（小黄庄）和东凤凰城。

登沙河企业家刘相斌的家就在北关村刘屯，他说，他们虽然不是满族，但也是属于"随旗"，是指汉人随满族的旗也有叫"三旗"的，老辈人也叫妈妈为"额涅"。"在旗"和"随旗"又不一样。

3

在《金县志》上，还有登沙河南关村李福年哥俩的孝行事迹，今日读来也是感人。

李福年，字锡之，弟弟李寿年，字介眉，他们是孪生兄弟，世居登沙河南关村。李福年的父亲李殿元，曾经是清末的武庠生即武科举的人选，相当于秀才。由于父亲早亡，家业衰落，福年、寿年哥俩同时辍学务农奉养老母。

年幼时，兄弟俩你尊我让，亲如一人；年长后，兄友弟恭愈加深重。哥俩侍奉老母尽心尽孝。每闻母亲呼唤，双双急趋母前。闲暇时兄弟偎依在母亲身旁，讲故事说逸闻，取悦母心。夏夜为母亲驱赶蚊蝇；冬夜陪伴母亲围炉取暖闲话家常。平日朝出晚归必先面见母亲，对母亲的衣食冷暖时刻挂在心上。母病时请医煎药，日夜不离榻前，洗更衣，端屎尿，无微不至。

母病逝后，兄弟情谊益笃。兄外出将归，弟必出迎于途；弟外出，兄也如此。弟兄二人形影不离，相依为命。1935 年 7 月，首先是弟弟李寿年病危，在他弥留之际，哥哥李福年含泪握弟之手而诀别：

"你若不幸，兄誓同归。"

结果在李寿年病故之后，李福年果真不饮不食，鬓发皆白，一月而卒。至今南关村福年寿年的孝悌善行，仍在乡间广为流传。

北关村创建文明村时得到了"卫生红旗"

苗家、夏家与曲家

棋杆底村的名字有趣，许多人都会问到底是"旗杆"还是"棋杆"？尤其那个"底"字又是什么意思呢？

1

据传清时村里有一苗姓人在南方做官，后来回乡修宅，就在其老宅门前竖一大旗杆，以示家族尊贵、门第显赫，高高的旗杆很远就可以望得到。屯由此名为旗杆底，后谐音竟慢慢演变成"棋杆底"。

在辽南，这种口口相传的村屯名，不知不觉间就把"字"换了的事情经常发生。例如"台山"后来变成了太山；"澄沙河"变成了登沙河；"梁家店"变成了亮甲店，等等。

孙宝田先生所著的《旅大文献征存》一书，专门有一节是写"金州人在外地为官者"。这其中有一个叫苗临沣的人，是嘉庆癸酉年间的拔贡，朝考一等，曾经历任陕西麟游、略阳和江苏新阳等县的知县。

或问，什么是拔贡？

简单地说，清朝每十二年（即逢酉岁）一次，由各省学政选拔文行兼优的生员贡入京师，被称为拔贡生，然后经朝廷考试合格，入选者一等可任七

192

品京官，二等任知县，三等任教职，更下者罢归即回家，苗临沣是朝考一等但外放为知县，所以官居七品。

这就明白了，当年的高考学霸当了官，兴奋啊，激动啊，恨不得全天下的人都知道，所以会在登沙河老家老宅门前竖起高高的旗杆。这个旗杆就表明了一种地位和身份，因此棋杆底这个屯子的名称也由此而来。

经查，苗临沣在陕西略阳当知县时还有一段雅事，那时文人中有流传王羲之的《平安帖》清拓本，在这个清拓本上有苗临沣的跋：

右军书法自唐太宗鉴定后，历代推为书家之祖。东晋迄今千有余年岁，其墨迹留传人间者，直如昆山片玉，不可多觏。近今石刻虽夥，率多前人临本，真赝莫辨，余于戊寅秋从同年张韦庐孝廉家得平安一帖，后有宋元诸大家及前明巨公跋语，其为右军真迹无疑，洵至宝也。逐借双钩一册，携至略阳，公余偶一展卷，观其鸾翔凤翥，铁画银钩，有画沙印泥之妙。以视《兰亭》诸石刻，诚如褚河南所谓连城之宝，光景殊绝于碔砆，芝兰之芳，岂萧菌而可杂用。摹勒为临池助，并赘数语，以志获观之幸。

这个跋写得好，看来学霸真不是吹的。

此外，在《清实录·道光朝实录》第一七零卷中也查到了苗临沣这个人，那时他在江苏新阳当知县了，因为催缴公粮，当地秀才吴模在县衙和他闹了起来，把县衙案子掀翻，把他官服也扯了，但后来吴模在解押时悬梁自尽。事情这就闹大了，苏州知府来查案，把苗临沣也关押起来。处理的结果却不知道，这段往事就记录在《清实录》里。

从陕西到江苏，虽然都是知县却是从低处往高处走，苗临沣走到这里没了下文。

因此他早年回乡时在老宅前竖了旗杆，于是，一个大户人家的建筑装饰变成了地理标志。

棋杆底苗家老宅现在已经倾颓，我去看时只有一个旧门楼还矗立在那里，一眼望去，门楼上是年代非常久远的青瓦和瓦上的杂草丛生。

苗临沣直系一支和后人应该很早就随他走出金州到外地了。

2

苗家之后棋杆底又来一大户——夏家。

在棋杆底我采访了几位夏氏后人，包括就在社区工作的小夏，他们讲述的夏家故事也颇有一些传奇色彩。

当年夏家的老祖宗是四兄弟，是从山东过来给官家修筑金州古城的。算时间的话，大约应该是乾隆四十五年（1780 年）那次，金州城守尉巴彦泰的那次修缮古城。就是那一次，他把明代"亞"字形的金州城改为长方形城墙，废除了南北二关，并在四门外都增筑了瓮城。

工程量非常大，因此从山东招来包工程的四兄弟也挣了一笔大钱。

几年后工程完工，看到辽南山清水秀，四兄弟决定要寻一块风水宝地留下来，于是怀揣银票他们一路向东，最后决定在棋杆底这里置地建屋。

兄弟四人本都是手艺高超的工匠，齐心合力盖起了三排硬山式大瓦房，青砖灰瓦斗拱飞檐，就有了现在我们看到的这栋老宅。后来四兄弟中的一支迁移到蔡家村，因此那里也有了一夏屯。

我去采访夏家的一户人家，他家外面的屋瓦和进院子之后里面的屋瓦还不一样，里面那间的屋瓦更古老，应该就是 200 多年前最初的模样。

这户人家男主人姓夏，女主人姓苗。他们俩也讲到当年苗姓和夏姓是棋杆底村的两个大户。

苗夏两姓之间还曾经有一段逸事，据说那时夏家势力更大一些，两家联姻后苗家女人嫁到了夏家。但因为家里一些矛盾发生了冲突，苗家被打死一人。于是苗家找人上告到北京，同时告夏家在祖庙的制式上违反了朝廷规定。据说民间人家的祖庙不允许九间屋云云，夏家于是连夜把房子扒掉了两间。京城下来的调查官员受到夏家贿赂，结果苗家官司没有打赢，两家也结下了仇怨。

但有意思的是，我访问的这两个男女主人就是夏家和苗家的后人。女人说当年他们的祖上是夏家做油坊的，苗家做木匠的。

走到最东面的那户人家，男女主人都非常热情。男主人说金州博物馆曾经来老宅子拍了很多照片，后来又有摄影家也来拍了很多照片，并且用微信传给他们看，拍得非常好。女主人则很热情并且礼貌。不像有的人家总是带着警惕的目光来审视你。

现在的夏家后人们说，百余年来夏家上学的当官的做买卖的，搬走的多了去了。想知道是否有联系，必须查家谱。家谱都是在过年的时候才拿出来看，老人们给孩子讲一讲往事……

大连市作协副主席、秘书长孙学丽也是棋杆底人，更准确地说，棋杆底是她母亲的老家。当年她跟随母亲去看姥姥，因此也写过很多关于棋杆底的散文，细腻而厚重。

3

在清乾隆年间，山东登州府牟平海岸边走来过年轻的三兄弟，那时他们毅然决然地跳上了一条小舢板。他们在茫茫大海中向北，沿庙岛群岛的岛链前行，经过一天一夜的搏击，终于在旅顺口登陆。

上岸后三兄弟一路疾走，经金州古城再向东来到了一条大河边。看到这条清澈的河流之后，三兄弟停下了跋涉的脚步。于是河岸边开始有了新的炊烟。

这里，就是现在的登沙河马蹄子村曲屯。

曲姓是马蹄子村的大姓，这个曲屯的曲姓人家也很有意思。曲屯后人编纂的《曲氏谱书》中记载，这一支曲姓有个说法是"活曲死鞠"。

据说这三兄弟的曲姓乃鞠姓一脉相传。鞠姓先祖在过去的一个朝代里做大官，因为被张大人诬陷"得罪"了皇上获满门抄斩之罪，王丞相欲相救便问："屈不屈？"回答："曲"。于是在这场灾难中侥幸逃脱的鞠姓后人都改为曲姓，不过仅限于在世时，死后必改回"鞠"。曲姓人遵守这一风俗一直至今。

"活曲死鞠"也成为中华姓氏中的一个传奇，令人肃然起敬。

他们有正式印刷的一本《曲氏谱书》，是由现任大连医科大学基础医学院教授曲寿远编辑整理的。仔细阅读这本家谱才知道,这支曲姓已经开枝散叶到东山家子屯、西山家子屯、大李屯、阿尔滨、山东头、向应土城子和华家石碴子等村屯处。

他们的字辈是:

福寿本善良,秉仁永安康。

文华忠政治,诗书继世芳。

解放初期大连有一个权威的文艺刊物叫《旅大文艺》,1954年第6期《旅大文艺》的"生活小故事"的专栏,曾经就发了题目为"干到老学到老"的一篇文章。这篇文章写的就是登沙河马蹄子村的两个互助组组长,一老一小,老的姓谷,小的叫于贵,而文章就是马蹄子村曲福盛写的。

曲氏谱书

辽宁省大连市金州区登沙河马蹄子曲屯

曲寿远 整理

姜家与丛家

1

根据望海埚战役留下的一些记载，登沙河姜家村的姜姓是明代就有的一支姓氏，这在金州、在登沙河都是不多见的。其他一些以姓氏命名的村屯，多是清代雍正、乾隆年间移民过来的。

在《奉天通志·人物二十二·乡宦表一》卷一百九十四中有关于姜隆的记载："金州卫人，为本卫千户。"这些都说明，在望海埚战役之后，姜隆已经由百户升为千户了。

关于姜家堡子的姜姓，也有人说是清初从登州府宁海县万户移民过去的。据说如曲姓三兄弟一样，从山东过来的也是三兄弟，之后留在姜家堡子的始祖叫姜彩，还有两个兄弟叫姜龙和姜耳，在海头村的姜家屯，他们是三个亲兄弟。再后来又有一支去了吉林的磐石。

到底是明朝金州卫的百户姜隆还是清初时移民过来的姜家三兄弟是始祖，已经很难说得清楚了。

他们传下来的字辈是：

可得维世永，国学广廷传。

文明振大有，继毓锡仁天。

除了最早的姜隆，姜家村还有一些名人。金州近代文化名人孙宝田先生编著的《旅大文献征存》一书，书中卷八就有姜家堡子（村）一些人物的记载：

> 都丹，清金州厅城东姜家堡之都家屯人，少年从戎，后解甲归隐，常行方便，寿至耄耋，无疾而卒。

> 姜永启，清金州厅城东姜家堡人，字乃心，性慨爽，勇于为善。光绪乙未夏，乡里乏食，众议由安东籴粮，而水陆梗塞遍地崔苻，无敢往者，永启以六旬之年，不遑自爱，慨然东行。时值盛暑，疫疠流行，归未逾月，以疾卒，乡人伤感之。

孙宝田的文字风格都是寥寥几笔即刻画了当年姜家堡子一些先人乡贤的行事为人，令人印象深刻。

他写的这个姜永启就很感人。姜永启平时就是村里一个豪爽汉子，敢于担当，勇于为善。1895 年即甲午战争刚刚结束之后的那年夏天，登沙河一带严重缺粮，于是村里的人们聚在一起商量，到现在的丹东一带去买粮，但那时交通不便而且盗贼出没，村里没有人敢去。姜永启那年已过花甲，但是他却自告奋勇去丹东。时值盛暑，疫疠流行，他买粮回来即染病不起，不到一个月就病故了，姜家村的乡亲都为之伤感不已。

还有一个前面说过的私塾先生姜永庚，也是桃李满天下，看字辈排行应该也是姜永启的本家同辈人。他们都是前面姜家字辈里的"永"字辈人。

在日本殖民统治大连时期，曾有一个《满蒙研究汇报》杂志，是隶属于旅顺满蒙研究会的。在 1917 年第 16 号《诗林文坛》的专栏，刊登了一个叫池内秋峰的日本人的汉诗，他写了普兰店所属的 23 个会，每一会都配以一首带有风土味道的汉诗。其中也写到登沙河所属的姜家堡子会。

> 姜家堡子卷舒乡，几帙牙签灿满堂。
> 世运无穷争瞬转，研精莫复失余光。

这首汉诗的注解是："姜家堡子旧时多出学者，今有秀才七人。"

而诗中的"牙签"二字，不要误解为我们现在大餐之后的那个小用具，在这里是用来指书籍的，古代牙签即是挂在卷轴外标示书名的象牙标签。这个日本人在这里属于掉书袋。总之，姜家堡子（村）过去是以书香门第多而远近闻名的。

2

1954 年，金县在合作化的运动中曾经隆重推广了登沙河人民公社丛家生产大队书记丛连兴的经验。

大连《海燕》杂志在 1960 年第 12 期用了很长篇章，刊发了一组小故事体裁的文字，总标题是"继承革命传统克勤克俭建设社会主义，登沙河人民公社丛家大队勤俭办社专辑——丛连兴的故事"。

摄影家薛家玺 20 世纪 70 年代在姜家村拍摄的老照片，图中的老太太叫林国红，小女孩叫姜爱丽

这个丛连兴的故事又分为几个小故事，计15000多字，在当时引起了极大的反响，主要讲了丛家生产大队长丛连兴和村里的其他人勤俭办社的事迹，是一个群像。把当时丛家村的面貌完整地呈现了出来，这在20世纪50年代的大连是绝无仅有的。

丛家村原来是登沙河区域最穷的一个村子，穷到什么地步呢？一个突出表现就是村里光棍多，娶不上媳妇，女人一听是丛家村的，就没有人愿意嫁过来。

解放前为了解决光棍问题，曾经有过三家互换的情况，实际是用三家的女孩互嫁来解决三家男孩的媳妇问题：A家的女儿嫁到B家，B家的女儿嫁到C家，C家的女儿再嫁到A家。这是以牺牲女孩为前提的。

现在这个村的经济发展在登沙河街道是排在前列的。过去丛家村花生是特产，在别的村亩产500多斤，在这里亩产就能达到七八百斤。

村里发展蔬菜大棚，主要是种樱桃水果和叶子菜，以大连凯妮果蔬专业合作社为主体，每日采摘，每日配送，成为大连最大一个为餐饮业做配套的企业。例如，知名的亚惠快餐就是他们的最大客户。

过去登沙河镇还有一个行政村叫金星村。金星村的隶属关系也是几经变化，1983年以前隶属于丛家村，1983年从丛家村分出来单立为金星村，2004年又并回到丛家村。

金星村原名破车沟，听其名也可想象解放前的穷苦状态。

蔡家村原来也是和丛家村一个生产大队，后来分开为两个村子。

蔡家村里有柳家河，现在已经是季节河，春旱的时候会干涸，平时也是一条小溪流，所以有种水稻的人家，但是不多。

以柳家河为界，再往东就是杏树街道的地界了。

从登沙河街道开车到蔡家社区，走十几分钟，中间有一段路正在修，尘土飞扬。我感觉蔡家社区是属于比较富裕的，房子基本上都是翻修过的。

村委会大院里有一个蔡家村大事记的栏板，而且是从解放前记起的，不忘历史就是不忘初心，非常好，把历史脉络理顺得非常清楚。

秦德武与于德利

登沙河有几个奇人，前面说到的收藏石斧的李德盛，还有退休老干部秦德武、金县农民画代表于德利。

1

秦德武曾经是登沙河镇的宣传委员，那时他给省市区的各级媒体都写过很多新闻报道，每次和我回忆当年做宣传工作，他就很兴奋，因为那时他常常在大连新闻媒体发表一些大报道，至今也引以为自豪。

退休后，秦德武又成为一个收藏家。在他的家里我看到了很多奇石和字画等，他曾和李德盛一起搜集过很多散落在民间的新石器时期的石器，他还写过一首《登沙河之歌》，自己作词谱曲进行传唱。

尤其值得一提的是，秦德武总结了登沙河各村的地名，把它们归纳为这样一段顺口溜子：

八家雄踞阿尔滨，两子镇守南北关。

金星高照山东头，海河岸边竖旗杆。

第一句是指丛家、蔡家、白家、段家、范家、程家、高家、姜家这八个村和阿尔滨村；第二句是指排子、马蹄子和南关、北关村；第三句是金星村、山东头村；最后一句是指海头村和棋杆村。四句话把原来 17 个村的地名都嵌进去了。

很巧妙，又好记。

2

于德利早年就是金县农民画的一个代表。金县农民画当年非常有名，曾经和上海金山、陕西户县在全国农民画领域呈现出三足鼎立的姿态，而在这其中于德利是一个主要干将。

他自幼酷爱美术，在艺术道路上属于无师自通、自学成才的。

1978年于德利在部队时，为空六军绘编幻灯片，在空军调演中获优秀奖；幻灯片绘制在北京军区空军会演中连续四年获奖；后来的一些宣传画如《把青春献给新长征》《向党中央汇报》等分别发表在大报刊上；因绘画业绩突出，在部队获嘉奖和三等功各一次。

于德利是1982年开始现代民间画创作的，其中的《大地》《牧牛曲》等获过奖，也参加过日本富山县第十八届中国画展。后来的作品曾多次被《中国文化报》《天津日报》《辽宁日报》《大连日报》等报纸和杂志采用，或者成为各美术馆馆藏，等等。

《大连日报》曾多次报道他，有一篇报道他的文章标题就是《农民画痴于德利》。

于德利在登沙河正阳街有一个自己的工作室，走进去看，四面墙壁上全是他的作品，琳琅满目，非常生动多彩。农民画工作室设在登沙河街道里不多见，在这里能够安下心来，不像在金州、在大连市里，各种社会活动和应酬交往等就会把艺术家的时间消磨掉。

登沙河籍的农民画画家于德利和他的作品

这是当年登沙河一对青年人的老照片，充满了对生活的希望

北关村当年的赤脚医生关淑卿

登沙河的老照片，人物姓名已无法考证

上图，阿尔滨村的独臂老人李德盛，酷爱收藏奇石，尤其收藏了很多新石器时期的石斧

右图，正阳街纸扎艺人、104岁的苗长青

登沙河海滨的渔家风情

登沙河程家村谷家屯的姜廷滨与他居住过的老屋

登沙河乡村的风景

一河铺开百床沙，
两岸疏落藏农家。
上善若水水聚财，
蓦地抬头见水塔。
古有乡贤留其名，
今日儒商众人夸。
乡村工匠成巨擘，
下为基石上覆瓦。

09

匠人基因　大浪淘沙

很多很多年以前，金州人尤其是东五区的人常常这样说：登沙河人有钱啊。为什么呢？那儿地好，包工头也多。

说登沙河人有钱，实际说的是登沙河的企业家多。

也有人说登沙河的人都会盖房子，实际说的是登沙河建筑公司多。

1

登沙河最早的企业家，有海头村葛佩琦，马蹄子村徐长九，阿尔滨村赵文玉，白家村范广臣，南关村周全利，排子村苏跃升，蔡家村王成满，等等。如果详细介绍登沙河的企业家，那将是一个长长的名单。

登沙河企业家之多，可以称为一种现象级的事情，不仅仅是在当年的金州区内，就是在整个大连市范围内，也是非常非常突出的，深层的原因和背景值得探讨总结。

改革开放之初，金州建筑业的企业家多是登沙河的工匠出身。而登沙河的工匠传承，可以上溯到清嘉庆年间的山东夏氏四兄弟，他们来金州修复古城城墙，然后在棋杆村落了户。

他们是登沙河最早的工匠，工匠的历史应该从这个时期开始计算。

从阿尔滨和马蹄子最早走出来的那些所谓"包工头"，其实都是乡村里过去的石匠、瓦匠、木匠等老匠人。这些乡村里的手艺人，相对于一直在村里务农挣工分的乡亲，视野更开阔些，胆子更大些，所以最早应时而动，最早走出村庄走出登沙河，虽然是懵懵懂懂，却顺应了改革开放的大潮流。

1990 年，金州乡镇企业产值率先突破亿元大关的就是登沙河镇，排在后面的才是二十里堡、石河、亮甲店等乡镇。

1993 年，登沙河五大经济指标跃居金州区第一名：农村社会总产值

124588 万元，其中企业产值达 117718 万元，实现企业合利税 20300 万元，上缴国家税金 1059 万元，完成财政包干 613.8 万元；粮食总产量 23476 吨。

这些数字，都是实实在在的干货、硬指标。

1993 年，登沙河镇还荣获金州区"发展乡镇企业"第一镇称号，镇建筑工程公司荣获金州区"发展乡镇企业"第一企业称号，姜家村大连金华钢厂荣获金州区"发展乡镇工业"第一企业称号。

那一年，登沙河镇出现了 3 个亿元村。

这些数字的背后，就有登沙河企业家们的汗水结晶。

2

有人说，登沙河最早是三家建筑公司，后来是四大建筑公司，包括金广、阿尔滨、马蹄子、海头，再后来才有了宜华建筑、金宏基、九诚，等等。

改革开放之初，建筑业发展最快。全国到处都在搞建设，大连的城市建设也是突飞猛进。哪有那么多正规的建筑公司啊，没有那么多。这时所谓的"黑包工"就出来了，其实就是几个工匠领着一支建筑队伍开始接手二包三包的活，由于他们肯干能吃苦，慢慢地积累了资金和经验，最后才开始注册自己的建筑公司。

这些农民组成的建筑队伍，刚开始当然都会走一些弯路的，例如出现过黄泥水泥混在一起用，结果就是不凝固的事；出现过很多今天听起来像笑话像段子一样的故事。

这是成长的代价，今天回忆起这些往事，却是愉悦的、欣慰的。

这些农民企业家非常勤奋，能吃苦又善于学习。其中的带头大哥就是最能干的那个人，组建队伍时，几乎所有员工都是他从农村里带出来的。

最初的建筑公司成立后，对外讲有总经理或者项目经理，开始印名片，但是这些人每天还是原来在村里的行头和语言，不改农民本色。

20 世纪 90 年代中期，我曾经采访过阿尔滨的老总赵文玉，看见他，几乎不相信是阿尔滨的大老板，因为衣着打扮太普通了。那时的阿尔滨建筑公司在开发区已经干了好几个大工程。

公司发展壮大起来了，很多老板还是舍不得乱花钱，因为他们知道，每一分钱都来得不容易。

经风雨，见世面，闯江湖，流血汗，真是不容易的。

匠人，是登沙河企业家的一个重要的基因。

大河，则是激励登沙河企业家的一个影像。

3

白家村的范广臣最早是村里的木匠，他走出去的时间比较早，先是组建了一个工地施工队，后来成立公司，就是登沙河镇建筑公司，再后来是金州一建，再后来是金广集团——大连著名的建筑企业。我们现在常常会看到正在建设中的楼群围挡里有"金广建设"四个大字。

1972年，金州区登沙河镇有一个不足百人的镇办工程队，在当时的体制下，他们正追寻一条发展的路，为的是冲破体制束缚，谋得大的发展。

但是到了1985年，当时正值大连整个建筑市场有些疲软，加之在起步阶段的管理不善，登沙河镇建筑公司亏损达二百余万元，濒临破产境地。范广臣就是在这种情况下接手这个公司的，范广臣通过星海湾孙家沟项目的火线练兵后，优胜劣汰，重新整合，打造出一支拥有精兵强将的建筑队伍。

此后，公司改名为金州一建，这支建筑队伍以建筑业一匹黑马的身份脱颖而出，令业界同行刮目相看，开始跻身于大连市大型建筑企业之列，从此，"安得广厦千万间、金州一建"的口号广泛传开。

金广集团在大连兴建了众多大项目。例如南关岭国家储备库工程、邮电大厦、北良大厦、金广大厦、金福大厦、中山金融大厦、曼哈顿大厦、希尔顿酒店、亚太金融中心、远东大厦、海尔工业园、棒棰岛国宾馆改造、省政府办公楼、省国际会议中心、省友谊宾馆、金贝广场、弘基映园、泉水金色阳光花园、金海花园、金广峰景、金广东海岸、枫丹丽城住宅区，等等。

同时，独资兴建了锦辉商城、大世界家居广场等商业大厦。

4

大连阿尔滨集团也是以阿尔滨村人为主体拉起来的建筑队伍，老人们说起来，早年间赵文玉还是和马蹄子村的师傅们学的手艺。

1985年，老瓦匠赵文玉创立了阿尔滨集团的前身——阿尔滨建筑工程公司，最初只有十几个人，企业性质为村办集体企业，负责承包各类房屋建筑工程。

那一年，赵文玉的儿子17岁，在镇上刚读完初中就跟着他干工程了。

赵文玉刚干建筑那会儿，大连光建筑队伍就有上千家，强手如林，鱼龙混杂，东北三省的建筑队伍都挤在这里，真是八仙过海，各显神通。

在这样的局面下想立住脚跟，必须制定适合自己的发展方略。

公司里的人也是七嘴八舌。有的说要花小钱办大事，从工程上揩油水方能"发达"；有的说搞点儿小腐败，必须买通甲方才能占领市场。

赵文玉都不同意，说偷工减料不干，害人害己也不干！他的主张就是一句话：以质量取胜，才能立于不败之地。阿尔滨本着这一宗旨，在赵文玉带领下工程项目摘金夺银，逢旗必得，尤其让人瞩目的是捧得了东北民族学院教学楼工程（1995年）、大连大学图书馆工程（1997年）、大连理工大学伯川图书馆工程（2000年）和大连阿尔滨金山康乐中心工程（2001年）四个"鲁班奖"（中国建筑领域的最高奖项）。

万达的王健林对建筑质量要求是极为苛刻的，他的工程几乎只和"中"字头的国有大型建筑企业合作，据说唯一例外的，就是和阿尔滨集团合作，承揽了在大连的很多大工程。

这一切都源于赵文玉给王健林留下的深刻印象。在2002年，王健林把大连雍景台项目交给阿尔滨承建，两年后这个项目获得了2004年度"鲁班奖"。为了表示感谢，王健林曾专门召开新闻发布会，奖励赵文玉400万元。

这就是赵文玉不赚黑心钱的回报！

后期的阿尔滨集团进入人们的视野，是因为足球。2009年成立了大连阿尔滨足球队。当时大连著名球员前国脚李明出任俱乐部总经理，著名教练迟尚斌出任副总经理。

2010 年，阿尔滨足球队首次参加中乙联赛。球队经过 7 个月征战，以 13 胜 2 平 4 负进 34 球失 12 球的成绩夺取了中乙联赛冠军，实现了当年组队当年冲甲的历史性突破。

2011 年，球队以 16 胜 6 平 4 负进 45 球失 20 球积 54 分的成绩夺得中甲联赛冠军，同时获得了 2012 年中超联赛资格。

2012 年、2013 年球队在中超联赛积分榜上都是排名第五名。

2014 年，风云突变，阿尔滨队从中超联赛降级。

2015 年 12 月，阿尔滨足球俱乐部更名为大连一方足球俱乐部。

5

1991 年，南关村企业家创办的一家建筑公司毅然放弃了建筑业，转向高科技通信设备产业，组建了大连环宇通信设备有限公司。

当时中国人民解放军信息工程学院邬江兴教授及其助手研制开发出 HJD04 全数字程控电话交换机，开创了我国电话交换机的新纪元。

1993 年 3 月环宇公司与中国人民解放军信息工程学院签署了技术合作协议，当年 9 月即生产出第一台 04 程控数字交换机，半年便建成年产 50 万线的现代化生产线，实现了当年筹建、当年投产、当年受益的规划目标。

1994 年，HJD04 大中容量全数字程控电话交换机荣获国家级科学进步一等奖，被邮电部列为全国优选推广项目，被国际邮电组织认定为第六种机型。

HJD04 机进入市场后，进口的程控机立即大幅度降价，失去了昔日的垄断地位。04 机逐渐取代洋机成为我国电信业支柱产品。

环宇公司在通信产业之外还干了一件大事，就是组建了辽宁女排俱乐部，打造了一张大连体育新名片。

喜欢体育的人都知道，辽宁有个厉害的球队——"环宇女排"，"环宇女排"就是环宇公司出资赞助的。

1995 年，当时投资 400 万创建的我国首家职业化女排俱乐部环宇通信女排俱乐部成立了，聘请辽宁女排原主教练岳金库执教，希冀重振辽宁女排雄风。

环宇女排在联赛中，在国内锦标赛、"泰王杯"等一系列重要比赛中不断蟾宫折桂，来自环宇女排的张越红、杨昊、刘亚男、王一梅、楚金红等队员先后被国家队选中，环宇女排已经成为中国排坛国字号选手的一个摇篮。

环宇公司曾经雄心勃勃："大连已经有足球和马家军两张名片了，我们想打造第三张亮丽名片！"

可以说，在一个时期里，这个愿望已经实现了。

大连足球和排球的辉煌，都曾经有登沙河人的参与和贡献。人生如此经历，夫复何求啊？

环宇女排在赛场上的拼搏画面

当年的环宇女排英姿

6

　　1959 年 9 月出生、毕业于大连
大学的苏跃升，是登沙河排子村人。
他曾在金州 126 中学任教师 7 年，后
弃教从商，搏击在房地产建筑业，
1995 年创立大连宜华建设集团。

　　苏跃升出身于知识分子家庭，
为人处世温文尔雅，乐善好施。大
连宜华建设集团在苏跃升的领导下，
经过十几年的努力拼搏，现已发展成
为以建筑施工为龙头，集装饰、市政、
土石方、钢结构制作安装、机电设

　　　　　　　　大连宜华建设集团老总苏跃升

备安装、电力安装、房地产开发、物业管理、企业服务等于一体的注册资金逾亿元的巨人型企业。

7

王成满当年和范广臣、赵文玉等人一起出来闯世界时，只有16岁。那时他就在登沙河工程队三队当力工，可以说什么苦都吃过，什么累活都干过。

他经历了典型的从士兵到将军的一个过程。10年之后，他成熟了，事业也发展了。王成满的金弘基集团成立于1997年，现已成为一家集项目投资管理、房地产开发、建筑施工、临港工业园及港口建设、高新技术产品研发、农畜牧业养殖与再加工、工业产品制造、城市社区供热、物业管理及度假酒店等于一体的大型多元化企业集团，年产值在30亿元以上。

例如，大连地区年消耗的奶制品中，有三分之一系金弘基集团所供奶源。

高新园区的弘基·书香园那儿，曾是一片不太被看好的土地，因其地处城市边缘，使人们很难意识到它的内在潜质。

金弘基对大连房地产市场进行深入调查分析后，决定在这片紧邻东北财经大学、位居学府中心的土地上，开发一座具有创新理念的现代高品质人文社区，并赋予其一个拥有文化底蕴的名字——弘基·书香园。

2005年，小区相继落成，不仅取得了不俗的销售业绩，同时成为大连首个坐拥学府核心区位、具有地标性特征的地产项目，直接带动了整个区域的价值提升。

尽管风生水起，王成满却很低调，很扎实，一步一步走来，稳扎稳打。现在，他又在研究水稻新品种的种植和养殖业的发展，研究农业经济的循环链和闭环。他说，将来种地没人了，怎么办？出路就在机械化，大家以土地入股，把农业做大做强。

多年来，金弘基集团在不断发展的同时不忘回报社会，向内地赈灾、教育等公益活动捐款总额过千万，近年的特大雪灾、汶川大地震，金弘基集团更是在第一时间向灾区慷慨捐助。

大连九城房地产老总刘相斌

北关村的企业家刘相斌走的是另外一条路子。

当年刘相斌从金县三中毕业后，考上了名校北京航空航天大学，然后又到哈尔滨工业大学和清华大学读研读博，是一个学霸级的人物。

刘相斌回来后在国企、在政府机关都工作过，曾经在大连国企三寰集团当副总，一直到2000年之后才下海做企业，现在是大连九城房地产公司总经理。

刘相斌还兼着一所大学里的教授，是一个典型的学者型企业家、企业家型学者。

我们聊起来后发现，他对金县三中即登沙河老三中的感情特别深。讲起这段历史，你能感觉到他的心情和那种向往与回忆。

最美记忆少年时啊！

他说，当年正是校长于振洋把三中带到了一个新高度。吴明熹当时是三中的一个物理老师，后来是物理教研室主任，还管过校办工厂；后来吴明熹调到金县一中当副校长，赶上了当时的大好形势和政策，需要吸收一批非党人士加入到县级班子里。因此，吴明熹逐渐从副校长升到教育局局长，再从金县政协副主席升到大连市副市长和全国政协副秘书长等职务。

9

早在1959年，全国搞了十个小化肥试点厂，其中之一就设在金县登沙河。

登沙河化肥厂就在那年动工修建，翌年投产。

金州登沙河化肥厂曾经闻名遐迩，轰动一时，它的产品因质量好、肥效高而成为俏货，供不应求，在打粮食翻身仗的年代曾有过大贡献。1979年化工部在全国树立了二十个化肥生产红旗单位，"登化"就有份。1981年全国拥有1540个生产化肥厂家，评选了百面红旗单位，"登化"榜上依然有名。它是金州区的骨干企业、创利税大户，颇受上级的青睐。

后来，又改造成为著名的金州碱厂。

那时的厂长是宋广仁，也许他们应该是登沙河第一批企业家。

我了解到的登沙河企业家，还有姜家村金华特钢公司的老总徐世有，这个金华特钢公司也是非常有名的，在业内声名显赫。还有就是丛家村凯妮果蔬合作社的李有凯夫妻俩，这个果蔬合作社和大连很多企业都有供求关系，把登沙河的农业产业链直接拉到了城里人的餐桌上。

此外，还有北关村大连大江船舶配件公司董事长张佑昆、蔡家村大连金穗农业科技园王麟、马蹄子村大连锦联制衣女老板牟英敏、大连同泰建设工程有限公司老总赵文科、大连恒得集团董事长丛相云、大连晟辉投资集团董事长丛相连、大连广寰集团分公司经理张万钢。

这个名单肯定是挂一漏万的。很多企业家很低调，埋头做事不张扬，例如登沙河的服装厂就有几十家。

现在，登沙河老一代企业家多是功成名就，开始退居二线了。他们有的是大连市人大代表或政协委员；有的是慈善家；有的做公益；有的是球队老板或者赞助商，热心于某项文化事业、公益事业。

他们多喜欢讲过去，一回忆起来就是"那时候生活不好啊，家里人跟着我吃了不少苦，我的员工们也没过上什么好日子。现在生活好了，我就更应该让乡亲们都能过上好日子，为员工和社会做一些力所能及的事"。

一些大企业做过的公益、为家乡做过的事情可能都数不清了，比如修路、赞助学校、为贫苦人家送爱心，等等。

2020年年初，登沙河街道党工委、办事处开了一个乡情联谊会，很多登沙河籍的企业家都来参会，许多人讲得都很实在。

有的说，我们家的祖坟我们的根就在这里，我不回来能行吗？

有的说，我一看到会议室马坨子岛的那张照片，就感觉到亲切。而且他还想把那张照片挂到自己的办公室墙上。

家乡的这种感觉真的是和其他感情不一样。大家的说法都是，只要能帮得上的话，都想帮家乡做一点儿事情。说得都很实在，很淳朴，很真挚。

登沙河籍的企业家，虽然大多数都走出了登沙河，但是他们心中一直还有那条大河的影子，大河还在心里流淌。

大连锦联制衣总经理牟英敏

金弘基集团老总王成满

登沙河街道召开聚乡情的企业家座谈会，共商发展大计

东北特钢大连基地风采

登沙河临港工业区风采

登沙河临港工业区掠影

丹大高铁通过登沙河区域

骑手从北方策马而来，
却止步于这条大河边，
结庐于乡野，架桥于河上，
耕作于垄亩，牧马于平川……
从此，这衣衫褴褛的传说
走过了整整一个千年。
抹去历史厚积的尘埃，
訇然响起的，是一个交响乐的开篇。

10

村屯由来　地名释义

《金县地名志》之《登沙河镇》

　　登沙河镇位于金县境内东部。镇人民政府驻地登沙河街道。距金州镇33 公里。镇以驻地名。该镇东与杏树屯镇接壤，北与华家屯乡、西与亮甲店镇、南与大李家乡毗邻，东南临黄海盐大澳。辖 1 个街道办事处，17 个行政村，84 个自然屯。陆地总面积 101.4 平方公里。居民 13159 户 41842 人。汉族占 92.8%，余为蒙古族、回族、满族、彝族、朝鲜族等少数民族。

　　清代，属金州厅积金社。沙俄侵占时期，属"关东省"郭家岭行政区。日本侵占时期，属"普兰店管内"长岭寺会和姜家堡子会。1945 年解放，同年秋建政，置登沙河区，属新金县。1946 年 4 月划归金县，称登沙河区。1950 年改称第六区。1955 年恢复登沙河区名。1956 年撤区划乡，分为姜家堡子、棋杆、登沙河 3 个乡。1958 年人民公社化，3 乡合并，成立登沙河人民公社。1983 年改称登沙河乡。1984 年乡改镇建制，称今名 (辖区不变)。

　　该镇地处县内东部，属低丘慢岗区。境内登沙河、棋杆河、柳家河，3条主要河流及其支系所形成的冲积小平原，交互毗连，构成广阔的低丘慢坡地形。地势平坦，土质肥沃，是县内粮食和油料重点产区，素有"金县粮仓"之称。农业主产玉米、花生、蔬菜，间有果园，主产苹果。登沙河花生壳薄果仁丰满，营养丰富，香脆可口，宜于贮藏，20 世纪 60 年代曾在中国农业展览馆出展，受到好评。登沙河下游有护岸林，蜿蜒如带。河口处有大面积滩涂,建有盐田。渔业生产以近海捕捞和滩涂养殖为主,镇有近海捕捞场1处,近海岛屿马坨子盛产海珍品。镇办工业有农具、开关、水暖件、造纸、塑料、预制件等厂点。开关厂所产的BSL、BDL系列配电盘,为国家优质产品。县办企业有电机厂、化肥厂、阀门厂、农机修造厂等驻镇区内。沿海及河谷带沙金矿藏丰富,昔曾开采。建筑砂年运出量达10万余吨。

......

镇有中学3所,小学14所,其中金县第三中学为省重点中学。镇内设有金县第二人民医院、中医院和镇办广播站、文化站、电影管理站等设施。镇区东北郊有龙王庙,建在土岗顶部,寺院植有2株白果树——银杏,已有300余载。树势挺拔,数十里外清晰可见。古刹名树,闻名乡里。

金城铁路(昔称金福铁路)登沙河火车站位于镇内,为金县东部地区粮食、花生、水果、水产品、食盐、建筑材料等主要集散地。正(正明寺)太(新金县太平乡)公路、金(金州)猴(猴儿石)公路,分别由镇区西部和镇区通过。登沙河镇是金县东部地区的交通枢纽和邮政电信中心。

登沙河镇街道

街道。办事处位于镇内中部,驻镇区正阳街。辖3个居民委,25个居民组。面积约1平方公里。居民1405户4874人。日本侵占时期,属"普兰店管内"姜家堡子会。1945年解放,同年秋建政,属新金县登沙河区。1946年4月划归金县,属登沙河区。1947年成立登沙河镇公所,属登沙河区。1956年属登沙河乡。1958年属登沙河人民公社,始称登沙河街道。1983年属登沙河乡。1984年乡改镇建制,属登沙河镇。街区地处登沙河畔。南临登沙河海口(明代此曾为泊船之地。现今海水后退,形成宽阔草滩。地势平坦,土肥水丰)。街区原为小屯落,金城铁路通车后在此设立火车站,逐渐形成小集镇。过去仅有3条街路,设有油坊、黑白铁铺等小作坊以及绸缎庄、杂货铺、药房、客栈、饭馆、邮电所等。解放后,几经发展,镇区逐年扩大,今有街路12条,楼房林立,商业网点密集。街区有县营企业3家。并设有粮库、花生场、果品公司。有医院2处、中学2所、小学1所、文化馆1处。有汽车客运站和火车站。是金县东部地区商业、交通和文化中心。

南关村

行政村。村民委员会驻地大关家沟。位于登沙河镇街道北部 0.8 公里。村名源出于满族关姓，因与北关村南北相对得今名。辖大关家沟、小关家沟、南菜园子、小刘家屯、老炉、北菜园子 6 个自然屯。耕地面积 4286 亩。居民 739 户 2575 人。日本侵占时期，属"普兰店管内"姜家堡子会。1945 年解放，同年秋建政，属新金县登沙河区。1946 年 4 月划归金县，属登沙河区。1956 年属姜家堡子乡。1958 年属登沙河人民公社，改称南关大队。1983 年改今名，属登沙河乡。1984 年乡改镇建制，属登沙河镇。地处登沙河镇郊，地势平坦，水源丰富。筑有 3 处平塘。农业主产玉米、花生、蔬菜、苹果。村办工业有微型电机厂、电风扇厂。镇办预制构件厂、纸箱厂和县营登沙河供电所驻此地，交通方便。

大关家沟

自然屯。南关村民委员会驻地。清代雍正年间，满族正蓝旗关姓，由北京草帽胡洞迁此建村，初称关家沟。其后族分两支，另建屯落，此称大关家沟。聚落呈长方形沿公路北侧东西排列，居民 217 户 717 人。土地平坦肥沃。农业主产玉米、花生、蔬菜。村办微型电机厂、电风扇厂，镇办预制构件厂、种猪场、金县第二人民医院驻此地。金猴公路由屯中通过。

小关家沟

自然屯。位于登沙河镇街道西北 1.6 公里。大关家沟满族关姓同宗支系迁此建屯，为区别大关家沟，故称小关家沟。聚落呈长方形散列。居民 69 户 241 人。屯西岭上有果园，并建有平塘。农业主产玉米、花生、蔬菜。

南菜园子

自然屯。位于登沙河镇街道西 0.3 公里。屯因地处大关家沟南端，生产蔬菜得名。聚落呈块状排列，与镇区街道连巷。居民 78 户 265 人。设有蔬菜生产保护地，主产蔬菜。

小刘家屯

自然屯。位于登沙河镇街道西南 0.8 公里。清代乾隆初年，满族正黄旗刘姓先居此地建屯得名。系北关村刘家屯刘姓和海头屯刘姓同宗支系。聚落南临金城铁路，东与登沙河街道隔河相望，呈块状。居民 152 户 550 人。农业主产玉米、花生、蔬菜，有果园。登沙河化肥厂、登沙河镇家畜交易市场驻此地。

老炉

自然屯。位于登沙河镇街道西北 2.5 公里。清代开设铁匠炉，数百年不衰，故屯以此得名。聚落散列于河谷地带。居民 160 户 586 人，满族关姓居多。东部和北部偏坡慢岭。农业主产玉米、花生。

北菜园子

自然屯。位于登沙河镇街道北部 1 公里。屯因地处大关家沟东北且生产蔬菜得名。聚落呈条状东西排列。居民 63 户 216 人。地势平坦，土肥水丰。农业主产蔬菜。镇办农贸市场、自来水塔、太阳能设备厂、通用塑料厂、登沙河供电所驻此地。

姜家村

行政村。村民委员会驻地姜家堡子，位于登沙河镇街道西 1.6 公里。村以驻地名。辖姜家堡子、烧锅屯、崔家屯、赵家屯、小土城子 5 个自然屯。耕地面积 3790 亩。居民 498 户 1858 人。日本侵占时期，属"普兰店管内"姜家堡子会。1945 年大连解放，同年秋建政，属新金县登沙河区。1946 年 4 月划归金县，仍属登沙河区。1956 年属姜家堡子乡。1958 年属登沙河人民公社，改称姜家大队。1983 年改今名，属登沙河乡。1984 年乡改镇建制，属登沙河镇。北部慢岭缓坡，南部地势平坦，广布良田，西临登沙河，沿河有护岸林带。农业主产玉米、水稻、花生，有果园。村办工业有轧钢厂、铸造厂、弹簧厂、汽车配件厂、水泥制品厂等。村设有小学校、卫生所。

姜家堡子

自然屯。姜家村民委员会驻地。明代屯北有土城堡，清乾隆年间，有姜姓从山东迁此建屯得名。地处金猴公路与正太公路交会处，聚落呈方形排列在公路两侧，居民 141 户 524 人 (含小土城子)。耕地平坦。农业主产玉米、花生、蔬菜，有果园。姜家小学校、镇汽车队、轧钢厂驻此地。设有客运汽车乘降站，交通方便。

烧锅屯

自然屯。位于登沙河镇街道西北 3 公里。清乾隆年间，有张姓迁此建屯，初开设盛兴炉，后改经营烧锅 (酿酒)，屯由此得名 (今烧锅已无)。聚落呈方形南北排列，居民 90 户 357 人。地势低平，林木茂密。农业主产玉米、花生，有果园。村办水泥制品厂、镇办农药厂驻此地。屯中有乡路通过。

崔家屯

自然屯。位于登沙河镇街道西北 2.5 公里。清代顺治年间，有崔姓迁此建屯得名。聚落沿公路呈块形散列。居民 145 户 538 人。西临登沙河，地势低洼平坦，筑有扬水站。沿河流域护岸林茂盛，有大片稻田。农业主产玉米、花生、水稻。屯中有乡路通过。

赵家屯

自然屯。位于登沙河镇街道西部 1.7 公里。清代嘉庆年间，有赵姓由山东迁此建屯得名，今已经历 8 代。聚落呈长方形南北散列。居民 122 户 439 人。西临登沙河，土地平坦。农业主产玉米、花生。沿河护岸林茂盛。正太公路自屯中通过，屯南登沙河段筑有公路大桥。

小土城子

自然屯。位于登沙河镇街道西北 1.8 公里。以屯边明代土城和烽火台遗址得名。聚落东西散列。行政属姜家堡子。土地平坦，农业主产玉米、花生。

北关村

行政村。村民委员会驻地西关家屯。位于登沙河镇街道西北 3.8 公里。村名源于满族关姓，后因与南关村相对得名。北与华家屯乡接壤。辖西关家屯、东关家屯、刘家屯、高家屯、迟堡子、台前屯、东南沟 7 个自然屯。耕地面积 5435 亩。居民 612 户 2277 人。以满族关姓居多。日本侵占时期，属

"普兰店管内"姜家堡子会。1945年解放，同年秋建政，属新金县登沙河区。1946年4月划归金县，属登沙河区。1956年属姜家堡子乡。1958年属登沙河人民公社，改称北关大队。1983年改今名，属登沙河乡。1984年乡改镇建制，属登沙河镇。地处登沙河东畔，地平土肥，灌渠纵横，为镇内苹果、花生主要产地之一。村办工业有综合厂、粮谷加工厂、养鸡场等。村设有小学校、幼儿园、卫生所。历为卫生先进单位，20世纪50年代，曾以"卫生村"闻名全国。正太公路自村内通过，交通方便。

西关家屯

自然屯。北关村民委员会驻地。清代乾隆年间，有满族镶白旗名喜瓜尔马达利居此建屯，后改姓"关"，屯称关家屯。以后其长子阳寿居东屯，次子托克托布居西屯，故屯名以东西相别。该聚落呈方形排列。居民78户232人。西临登沙河，沿河护岸林茂盛。农业主产花生、玉米，有果园。村办养鸡场驻此地。有公路屯中通过，设客运汽车乘降站。

东关家屯

自然屯。位于登沙河镇街道西北3.5公里。屯名由来同西关家屯。聚落呈条状散列。居民89户341人。北依老鹳山，南屏土岭。农业主产玉米、花生，有果园。临近公路，交通方便。

刘家屯

自然屯。位于登沙河镇街道西北4公里。清代乾隆初年，有满族正黄旗刘姓在此建屯得名。与南关村小刘屯刘姓同宗支系。聚落呈方形排列，居民122户447人(含高家屯)。西临登沙河，砂质土壤居多。农业主产玉米、花生。村办苗圃、北关村小学校驻此地。

高家屯

自然屯。位于登沙河镇街道西北3.5公里。清代高姓先居此建屯得名。聚落东西散列，行政属刘家屯。耕地平坦，农业主产玉米、花生。

迟堡子

自然屯。位于登沙河镇街道西北4.5公里。清乾隆年间，有迟姓先居此建屯得名。光绪年间迟姓迁走，今多居张姓。聚落呈条状东西散列。居民

114 户 436 人。西临登沙河，隔河与华家屯乡毗邻。东傍老鹳山。土地平坦，农业主产花生、玉米，有果园。正太公路由屯中南北通过，交通方便。

台前屯

自然屯。位于登沙河镇街道西北 4 公里。屯北有明代烽火台遗址，屯以此得名，聚落呈方形散列。居民 166 户 652 人。多丘陵坡地。农业主产玉米、花生，有果园。

东南沟

自然屯。位于登沙河镇街道西北 3.5 公里。屯因位于西关家屯东南方山沟得名。聚落东西散列，居民 43 户 169 人。多丘陵坡地，筑有地下渠道。农业主产玉米、花生。

排子村

行政村。村民委员会驻地前排子，位于登沙河镇街道北部 3.7 公里。村以驻地名。辖前排子、后排子、李糖坊、傅家屯 4 个自然屯。耕地面积 6435 亩。居民 669 户 2462 人。日本侵占时期，属"普兰店管内"长岭寺会。1945 年解放，同年秋建政，属新金县登沙河区。1946 年 4 月划归金县，仍属登沙河区。1956 年属姜家堡子乡。1958 年属登沙河人民公社，改称排子大队。1983 年改今名，属登沙河乡。1984 年乡改镇建制，属登沙河镇。北与华家屯乡接壤。东部和西部缓坡起伏，土地平坦。农业主产玉米、花生，有果园。排子河流经中部，两岸林木茂盛。建有 6 处平塘，有淡水养鱼业。村办工业有综合厂。村设有小学校。

前排子

自然屯。排子村民委员会驻地。清代乾隆年间，此处生长着一排一排茂盛的柞树，后有李、郭、王、苏等姓陆续迁此建屯，初称柞树排子。因居户增加，渐形成前后两个聚落，分称前柞树排子和后柞树排子，后简称为今名。聚落沿河两岸散列，居民 200 户 740 人。丘陵慢坡。农业主产玉米、花生，有果园。沿河林木繁茂。村办综合厂驻此地。屯内曾发现有高句丽古墓遗址。有乡级公路由屯中南北通过。

后排子

自然屯。位于登沙河镇街道北部 4 公里。屯名由来见前排子条。聚落沿河两岸散列。居民 156 户 546 人。西部慢岭有果园，东部多沟岔，林木茂密。农业主产玉米、花生。排子村小学校驻此地。屯中有两条乡路交叉通过。交通便利。

李糖坊

自然屯。位于登沙河镇街道北部 5 公里。清康熙年间称小于家屯。后有李姓迁此定居，约于咸丰年间开设糖坊，遂改今名。聚落呈方形排列。居民 137 户 517 人。北与华家屯乡相接。屯东西两侧丘陵慢岗，有采石场。农业主产玉米、花生，有果园。

傅家屯

自然屯。位于登沙河镇街道北部 3 公里。清康熙年间，有满族傅姓迁此建屯得名。清咸丰年间，有苏姓迁此开设染坊，又名苏家染坊。聚落呈条状散列，东西长达 1 华里。居民 176 户 659 人。屯南慢坡缓丘。沿河流域耕地平坦连片。农业主产玉米、花生，有果园。

海头村

行政村。村民委员会驻地街区内东街。村以海头屯名。辖海头屯、贾家屯、邱家屯、姜家屯、台底屯、小李屯、马家屯 7 个自然屯。耕地面积 5185 亩。居民 877 户 3205 人。日本侵占时期，属"普兰店管内"姜家堡子会。1945年解放，同年秋建政，属新金县登沙河区。1946 年 4 月划归金县，仍属登沙河区。1956 年属登沙河乡。1958 年属登沙河人民公社，改称海头大队。1983 年改今名，属登沙河乡。1984 年乡改镇建制，属登沙河镇。地处登沙河镇街道东郊。东部傍岭，西南临登沙河，地势平坦。农业主产玉米、花生、蔬菜。村办工业有农机修配厂、饮料厂、汽车修配厂。金城铁路村中通过。

海头屯

自然屯。位于登沙河镇街道南 0.8 公里。屯南有登沙河，明末清初此处是海、河汇合口。几经沧桑，由于登沙河淤积，海水后退，变成沼泽苇塘。清代康熙年间，有满族正黄旗富拉昏后人迁此建屯，因临海取名海头屯。聚落呈方形排列，居民100户366人。耕地平洼耐旱，农业主产玉米、花生、蔬菜。有公路屯中通过。

贾家屯

自然屯。位于登沙河镇街道东北1公里。清雍正年间，有满族贾姓迁此建屯得名。聚落呈长方形散列于公路两侧，居民157户609人。屯东土岭上，有清乾隆年间修建的海晏寺(龙王庙)，后改建为敬老院。黄土坡地。农业主产玉米、花生、蔬菜。金猴公路由屯中通过，交通便利。

邱家屯

自然屯。位于登沙河镇区北郊与街道连巷。清乾隆年间，有邱姓从今大李家乡邱家沟迁此建屯得名。聚落呈方形排列。居民250户903人。耕地平洼，农业主产蔬菜。村办农机修配厂、汽车修配厂、铸造厂、饮料厂驻此地。

姜家屯

自然屯。位于登沙河镇街道南部0.8公里。清代乾隆年间，有姜家堡子姜姓支系迁此建屯得名。聚落沿公路呈方形排列。居民116户410人。南屏土岭，屯中有河流经。农业主产玉米、蔬菜、花生。火车站至盐场公路屯中通过。

台底屯

自然屯。位于登沙河镇街道东部0.8公里。屯东南土岗有明代烽火台遗址，屯地处台下，以此得名。清代此处筑有虫王庙(已毁)。聚落呈长方形东西排列，居民77户264人，以满族刘姓居多。耕地平坦，农业主产玉米、花生、蔬菜。

小李屯

自然屯。位于登沙河镇街道东南1公里。清代嘉庆年间，有李姓迁此建屯得名。后有于姓等先后迁入定居。聚落沿公路呈长方形散列。居民72户248人。土地平坦，筑有平塘。农业主产玉米、花生。有养殖蘑菇专业户。

马家屯

自然屯。位于登沙河镇街道东南1公里。清代康熙年间，马姓迁此建屯得名。后有李姓等先后移居此地。聚落呈方形散列，居民 105 户 405 人。南部慢岭，耕地平坦，农业主产玉米、花生、蔬菜。

白家村

行政村。村民委员会驻地杨家屯，位于登沙河镇街道东南 2.2 公里。村以白家屯名。辖杨家屯、赵家嘴子、白家屯、张家屯、刘家屯、孟家嘴子、盐场 7 个自然屯。耕地面积 4254 亩。居民 598 户 2194 人。日本侵占时期，属"普兰店管内"姜家堡子会。1945 年解放，同年秋建政，属新金县登沙河区。1946 年 4 月划归金县，仍属登河沙区。1956 年属登沙河乡。1958 年属登沙河人民公社，改称白家大队。1983 年改今名，属登沙河乡。1984 年乡改镇建制，属登沙河镇。北部和东部丘岗起伏，西临登沙河入海口，南临黄海，有盐田。沿海滩涂建有养虾场。农业主产玉米、花生、苹果。村办工业有粉丝厂、水暖器材厂、服装厂。村设有小学校。乡级公路由村中南北通过。

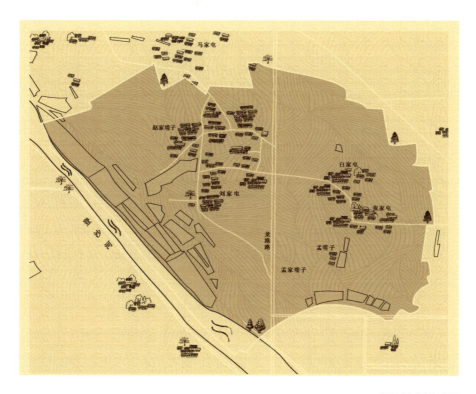

登沙河白家村示意图

杨家屯

自然屯。白家村民委员会驻地。清代乾隆年间,有杨姓从山东迁此建屯得名。聚落呈方形散列,居民 75 户 295 人。北依慢岭,建有水库。农业主产玉米、花生。村办粉丝厂、水暖器材厂、服装厂驻此地。乡级公路由屯中通过。

赵家嘴子

自然屯。位于登沙河镇街道东南 2.2 公里。地处老鹳嘴半岛西北部,明清时期屯前即海,形似鸟喙。清乾隆年间,有赵姓迁此建屯,故名赵家嘴子。聚落呈方形散列。居民 130 户 465 人。北依缓丘,西临登沙河入海口,建有盐田和虾场。筑有水库和扬水站。

白家屯

自然屯。位于登沙河镇街道东南 3.2 公里。清代乾隆年间,有满族镶黄旗白姓迁此建屯得名。聚落沿河南北散列。居民 111 户 393 人。北部和东部慢岭,有平塘和机电井。南临黄海,辟有盐田。农业主产玉米、花生。乡级公路由屯中南北经过。

张家屯

自然屯。位于登沙河镇街道东南 3.5 公里。清代张姓居此建屯得名。聚落沿河南北散列,居民 120 户 466 人。农业主产玉米、花生,有果园。筑有平塘,配有机电井。屯中有乡级公路通过。

刘家屯

自然屯。位于登沙河镇街道东南 3 公里。原名兔子窝,后有刘姓迁此落户遂改今名。聚落沿公路东西两侧散列,居民 77 户 272 人。北部和西部慢坡。农业主产玉米、花生。沿河护岸林茂盛。村办养鸡场驻此地。屯中有两条乡级公路交叉通过。

孟家嘴子

位于登沙河镇街道东南 3.5 公里。地处老鹳嘴半岛西部。古时屯前即海,海水后退后,裸露嘴状岬角。清代乾隆年间,有孟姓从山东迁此建屯,故名孟家嘴子(今无孟姓)。聚落呈方形排列。居民 85 户 303 人(含盐场)。北部

238

和西部慢岗。南临黄海，辟有盐田。有海岸林带。农业主产玉米、花生。有乡级公路由屯中通过。

盐场

自然屯。位于登沙河镇街道东南 3.7 公里。民国时期辟为盐田后，有盐工集居，屯由此得名。聚落呈方形散列，行政属孟家嘴子。背依土岗，面迎海口，盐田连片，辟有养虾场。金州盐场登沙河分场驻此地。

段家村

行政村。村民委员会驻地李家屯。位于登沙河镇街道东南 4.7 公里。村以段家屯名。辖李家屯、王家庄、苗家屯、马家沟、小范家沟、段家屯 6 个自然屯。耕地面积 5004 亩。居民 632 户 2373 人。日本侵占时期，属"普兰店管内"长岭寺会。1945 年解放，同年秋建政，属新金县登沙河区。1946 年 4 月划归金县，仍属登沙河区。1956 年属登沙河乡。1958 年属登沙河人民公社，改称段家大队。1983 年改今名，属登沙河乡。1984 年乡改镇建制，属登沙河镇。北依虫王庙大岭，东临棋杆河，南临黄海。农渔兼作。农业主产玉米、花生。渔业生产以近海捕捞和滩涂养殖为主。距陆地 3 公里的马坨子周围海域为海珍品养殖区。村办工业有农机修配厂、草袋厂。沿海建有养虾场。村设有小学校。交通方便。

李家屯

自然屯。段家村民委员会驻地。清乾隆年间，有李姓从山东牟平县谢家庄迁此落户建屯得名。聚落呈方形散列。居民 140 户 538 人。低丘慢坡，南临黄海，有海防林，农业主产玉米、花生。并从事近海捕捞和养殖。段家小学校驻此地。乡级公路由屯中经过。

王家庄

自然屯。位于登沙河镇街道东南 6 公里。清乾隆年间，有王姓先居此建屯开杂货庄，故名。地处老鹳嘴半岛南端。明代屯西海口处曾为泊船良港。倭寇曾于此登陆骚扰。屯北部筑有烽火台，为当时的海防要地。今聚落面海东西散列，居民 148 户 578 人。屯南有狭长沙丘向海内延伸约 1 公里，为盐田天然防波堤。农渔结合。农业主产玉米、花生。渔业生产以近海捕捞和养殖业为主。镇办养殖场驻此地。有乡级公路通登沙河镇区。

苗家屯

自然屯。位于登沙河镇街道东南 5.5 公里。清代有苗姓迁此建屯得名。聚落呈块状沿公路散列。居民 62 户 220 人。南临黄海，北部慢岗。农业主产玉米。有近海捕捞和海产养殖专业户。乡级公路由屯中经过。

马家沟

自然屯。位于登沙河镇街道东南 4.2 公里。清代嘉庆年间，有马姓从山东迁此建屯得名。聚落沿山沟散列。居民 57 户 179 人。西部和北部慢岗，多沟岔，筑有平塘。东临黄海，有海防林。农业主产玉米、花生。有近海捕捞专业户。乡级公路由屯中南北经过。

小范家屯

自然屯。位于登沙河镇街道东南 3.8 公里。清代乾隆年间，范家村大范家屯范姓同宗支系迁此建屯得名。聚落呈条状东西散列。居民 98 户 400 人。丘岗慢坡，农业主产花生，玉米，有果园。乡级公路由屯中南北经过。

段家屯

自然屯。位于登沙河镇街道东南 4.2 公里。清代，有段姓从山东迁此落户建屯得名。聚落呈方形散列。居民 127 户 458 人。东临棋杆河入海口处，有防护林，间有芦苇荡。农业主产玉米、花生。有近海捕捞专业户。村办养虾场驻此地。

高家村

行政村。村民委员会驻地高家屯。位于登沙河镇街道东北 2.1 公里。村以驻地名。辖高家屯、下郭屯、上郭屯、王家炉、洼子屯 5 个自然屯。耕地面积 5124 亩。居民 645 户 2359 人。日本侵占时期，属"普兰店管内"长岭寺会。1945 年解放，同年秋建政，属新金县登沙河区。1946 年 4 月划归金县，仍属登沙河区。1956 年属登沙河乡。1958 年属登沙河人民公社，改称高家大队。1983 年改今名，属登沙河乡。1984 年乡改镇建制，属登沙河镇。

西部和北部丘陵慢岗，东部平坦低洼，辟有稻田。棋杆河南流入海，沿河有护岸林带。农业主产玉米、花生、水稻，有果园。村办工业有木工机具厂、草编厂。村建有养鸡场。设有小学校、商店、卫生所。金城铁路、金猴公路由村内通过。交通方便。

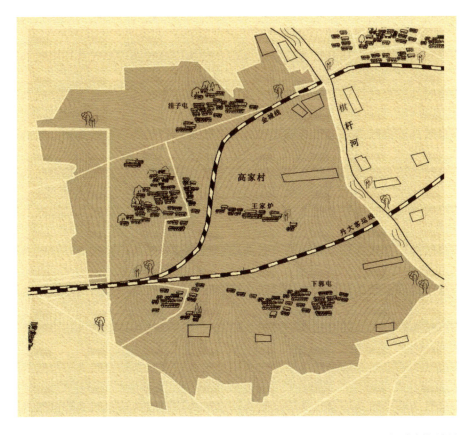

登沙河高家村示意图

高家屯

自然屯。高家村民委员会驻地。清乾隆年间，有高姓从山东蓬莱县高家庄迁此建屯得名。聚落呈块状散列，居民 204 户 760 人。东临棋杆河，地势低洼，有稻田。农业主产玉米、花生、水稻，有果园。村办各工厂、高家小学校驻此地。金城铁路、金猴公路由屯中通过。

下郭屯

自然屯。位于登沙河镇街道东南 3.2 公里。清代康熙年间，有满族镶黄旗郭姓迁此建屯得名郭家屯。后形成两个聚落，东屯称下郭屯，西屯为上郭屯。该屯聚落呈方形散列。居民 154 户 576 人。东临棋杆河，地势低洼，沿河有护岸林，筑有平塘。南部北部慢岗缓坡。农业主产玉米、花生。有近海捕捞专业户。

上郭屯

自然屯。位于登沙河镇街道东部 2.3 公里。屯名由来同下郭屯条。聚落呈长方形东西散列。居民 126 户 441 人。南部、西部慢坡丘岗，农业主产玉米、花生。村办养鸡场驻此地。

王家炉

自然屯。位于登沙河镇街道东部 3 公里。清代有王姓迁此开设铁匠炉，屯以此得名。聚落呈方形散列。居民 39 户 129 人。东部土地平坦，有稻田。棋杆河沿岸有护岸林带。农业主产玉米、水稻、花生。

洼子屯

自然屯。位于登沙河镇街道东北 2.8 公里。昔为两个聚落，以满族张姓和汉族苗姓居多。1949 年台风后新建屯落，因地处低洼涝地得名。聚落呈方形散列。居民 125 户 453 人。土地平坦，有稻田、果园。农业主产玉米、水稻。金城铁路和金猴公路由屯内平行经过。

棋杆村

行政村。村民委员会驻地棋杆底。位于登沙河镇街道东北 4.2 公里。村以驻地名。辖棋杆底、小糖坊、孙家屯、南台子 4 个自然屯，耕地面积 4620 亩。居民 600 户 2268 人。是登沙河镇东部地区中心。日本侵占时期，属"普兰店管内"长岭寺会。1945 年解放，同年秋建政，属新金县登沙河区。1946 年 4 月划归金县，仍属登沙河区。1956 年属棋杆乡。1958 年属登沙河人民公社，改称棋杆大队。1983 年改今名，属登沙河乡。1984 年乡改镇建制，属登沙河镇。东以柳家河为界，与杏树屯镇毗邻，西临棋杆河，筑有棋龙截潜工程和扬水站。沿河流域耕地平坦肥沃。农业主产玉米、花生、蔬菜。村办工业有食品加工厂、农机修配厂、帆布加工厂、红砖厂。金城铁路、金猴公路由村内经过。

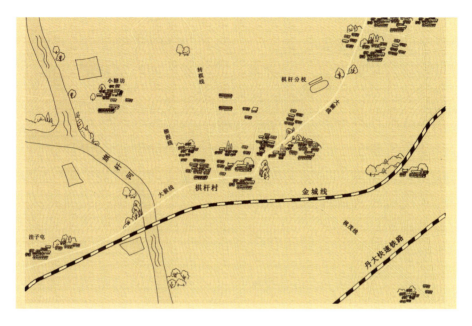

登沙河棋杆村示意图

棋杆底

自然屯。棋杆村民委员会驻地。据传，清代有位苗姓人在南方做官，其府门前竖有旗杆，以示门第显赫。屯由此名旗杆底，后谐音棋杆底。聚落沿公路呈方形排列。居民251户949人(含南台子)。西临棋杆河，土地平坦肥沃。农业主产玉米、花生、蔬菜。村办各工厂、棋杆小学、金县第三十三中学驻此地。金城铁路、鹤大公路由屯中经过。建有火车站和汽车客运乘降站，交通方便。

小糖坊

自然屯。位于登沙河镇街道东北3.9公里。清代有棋杆底苗姓同宗支系迁此建屯，开设糖坊，屯因此得名。聚落沿公路两侧散列，居民62户243人。

北部、东部土岗慢坡，西部临河，土地低洼。农业主产玉米、花生。沿河林木繁茂。村办帆布加工厂驻此地。

孙家屯

自然屯。位于登沙河镇街道东北 5.4 公里。清雍正二年（1724 年），有孙姓从山东文登县孙家庄迁此落户建屯得名。聚落呈长方形排列。居民 287 户 1076 人。东界柳家河，土地平坦，沿河有护岸林带，西部慢坡土岗。农业主产玉米、花生，有果园。金城铁路和金猴公路由屯中东西通过。

南台子

自然屯。位于登沙河镇街道东北 4 公里，屯因地处棋杆底之南高地得名。聚落沿铁路南侧东西散列，行政属棋杆底。农业主产玉米、花生、蔬菜。屯南有明代烽火台遗址 (已毁)。

程家村

行政村。村民委员会驻地程家屯。位于登沙河镇街道东北 3 公里。村以驻地名。辖程家屯、谷家屯、长岭寺庙、李家屯 4 个自然屯。耕地面积 4201 亩。居民 456 户 1752 人。日本侵占时期，属"普兰店管内"长岭寺会。1945 年解放，同年秋建政，属新金县登沙河区。1946 年 4 月划归金县，仍属登沙河区。1956 年属棋杆乡。1958 年属登沙河人民公社，改称程家大队。1983 年改今名，属登沙河乡。1984 年乡改镇建制，属登沙河镇。北部和西部缓坡慢岗，东临棋杆河，南临排子河，两河交汇南流入海。沿河有护岸林带。农业主产玉米、花生。村办工业有钟表工具厂、糖浆厂、贝雕厂。村设有小学校。

程家屯

自然屯。程家村民委员会驻地。清代嘉庆年间，有程姓由山东迁此建屯得名。后有苗姓、房姓、李姓等陆续迁入，形成两个聚落，分别称上程家屯和下程家屯。聚落呈带状东西散列。居民 231 户 852 人。北部慢岗，南部平坦。排子河经屯向东流入棋杆河，沿河有护岸林带。农业主产玉米、花生。村办钟表工具厂、糖浆厂、贝雕厂及程家小学校驻此地。屯中河上建有公路大桥。

谷家屯

自然屯。位于登沙河镇街道东北 4.7 公里。清代乾隆年间，有谷姓由山东迁此建屯得名。聚落沿河呈带状散列。居民 119 户 460 人。西部、北部丘陵慢岗，南部、东部平坦。农业主产玉米、花生。屯中有乡级公路南北经过。

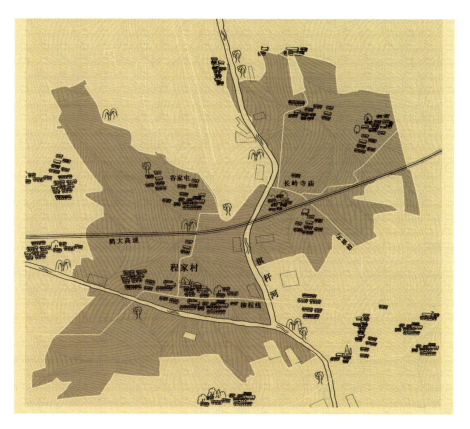

登沙河程家村示意图

长岭寺庙

自然屯。位于登沙河镇街道东北 4.5 公里。清代初年，此地建有庙宇长岭寺，附近耕地均为庙产。后来招进佃户为其耕种和纳租，建屯后以寺得名，沿用至今。聚落呈条状东西排列。居民 40 户 168 人。低丘慢岗，西临棋杆河。农业主产玉米、花生。屯中有乡级公路通过，河上建有公路大桥。

李家屯

自然屯。位于登沙河镇街道东北 5.2 公里。清代乾隆年间，李家堡子李姓支系迁此建屯，初称小李家屯，后渐改称今名。聚落呈长方形东西排列。居民 66 户 272 人。东部慢坡，西临棋杆河。农业主产玉米、花生，有果园。沿河林木茂盛，屯中有乡级公路经过。

范家村

行政村。村民委员会驻地大范家屯。位于登沙河镇街道东部 5 公里。村以驻地名。辖大范家屯、王家屯、茂隆山、山嘴、沙包子、金厂 6 个自然屯。耕地面积 5590 亩。居民 649 户 2400 人。日本侵占时期，属"普兰店管内"长岭寺会。1945 年解放，同年秋建政，属新金县登沙河区。1946 年 4 月划归金县，仍属登沙河区。1956 年属棋杆乡。1958 年属登沙河人民公社，改称王家大队。1980 年地名普查时更名为范家大队。1983 年改今名，属登沙河乡。1984 年乡改镇建制，属登沙河镇。东临柳家河，西靠棋杆河，南濒黄海金厂湾，土地平坦，沿河林木繁盛。距陆地 3.5 公里海域里有小岛，名马坨子。农业主产玉米、花生。沿海辟有养虾场，有近海捕捞生产项目，村办工业有排污阀门厂。村设有小学校、商店、卫生所。

大范家屯

自然屯。范家村民委员会驻地。清代雍正年间，有范姓由山东胶州莒城迁此建屯，初名范家屯。乾隆年间，其同宗支系建小范家屯后，遂改今名。聚落呈块状南北排列。居民 231 户 861 人（含沙包子、金厂）。低丘慢岗，南临黄海。沿海有林带。农业主产玉米、花生。有近海捕捞生产。有乡级公路屯中南北经过。

王家屯

自然屯。位于登沙河镇街道东北 5.7 公里。清代嘉庆年间，有王姓从山东迁此建屯得名。聚落呈方形排列。居民 251 户 909 人。东临柳家河，土地平坦低洼。农业主产玉米、花生，有苹果园。有近海捕捞专业户。范家小学校驻此地。金城铁路由屯中经过。

茂隆山

自然屯。位于登沙河镇街道东部 6.7 公里。清乾隆末年，有王姓等迁此落户建屯，以山得名"毛楞山"，后谐音茂隆山。聚落呈方形散列。居民 82 户 304 人。东南濒海，沿海有林带。北临柳家河，土地平坦。农业主产玉米、花生。有近海捕捞专业户。村办对虾养殖场驻此地。

山嘴

自然屯。位于登沙河镇街道东部四五公里。昔此地为棋杆河入海口处，后来海水后退，形成嘴状岬角，有于姓由山东迁此建屯，遂以山嘴为屯名。聚落呈方形东西散列。居民 85 户 326 人。地处棋杆河下游，耕地平坦，林木茂盛。农业主产玉米、花生。有近海捕捞专业户。

沙包子

自然屯。位于登沙河镇街道东部 4.7 公里。相传，昔为海河交汇处，泥沙堆积形成沙丘，建屯后取名沙包子。聚落沿海岸东西散列，行政属大范家屯。农渔结合。农业主产玉米、花生。渔业主要以近海捕捞生产为主。

金厂

自然屯。位于登沙河镇街道东部 5.6 公里。此处滨海淤沙中有沙金。据传明清时代，居民多以淘沙金为业，故名金厂。聚落沿海岸东西散列。行政属大范家屯。昔屯前海湾是泊船良港，通商贸易船舶来往兴隆一时。农业主产玉米。居民多从事近海捕捞生产。

丛家村

行政村。村民委员会驻地前丛家炉。位于登沙河镇街道东北 6.3 公里。村以驻地名。北与华家屯乡接壤，东与杏树屯镇毗邻。辖前丛家炉、小王家屯、后丛家炉、上孔屯、下孔屯、姜家屯 6 个自然屯。耕地面积 5869 亩。居民 285 户 1037 人。日本侵占时期，属"普兰店管内"长岭寺会。1945 年解放，同年秋建政，属新金县登沙河区。1946 年 4 月划归金县，仍属登沙河区。1956 年属棋杆乡。1958 年属登沙河人民公社，改称丛家大队。1983 年改今名，属登沙河乡。1984 年乡改镇建制，属登沙河镇。西临棋杆河，丘陵坡地。

马蹄子村鸟瞰图

农业主产玉米、花生、苹果。村营工业有制钉厂、饮料厂。村设有小学校。有乡级公路村中南北经过。

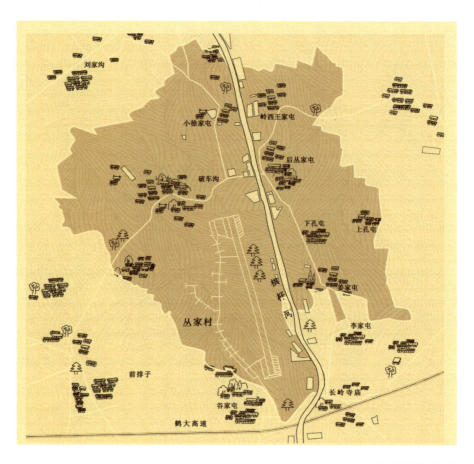

前丛家炉

自然屯。丛家村民委员会驻地。初称桑树房。清代嘉庆年间，有丛姓迁此建屯，开设铁匠炉，改称丛家炉。后形成前后两个聚落，南屯称前丛家炉，北屯称后丛家炉。该屯聚落沿河呈条状东西散列。居民43户176人。东部偏坡丘陵，西临棋杆河，土地平坦。农业主产玉米、花生。丛家小学校驻此地，有乡级公路屯中南北经过。

小王家屯

自然屯。位于登沙河镇街道东北 7.5 公里。清代有王姓居此建屯，故名小王家屯。聚落沿河呈方形南北散列。居民 62 户 223 人。西临棋杆河。农业主产玉米、花生。有乡级公路屯中南北经过。

后丛家炉

自然屯。位于登沙河镇街道东北 6.9 公里。屯名由来同前丛家炉条。聚落呈方形沿河南北散列。居民 38 户 140 人。东部和北部慢岗，有果园。西临棋杆河，有护岸林。农业主产玉米、花生。有乡级公路屯中南北经过。

上孔屯

自然屯。位于登沙河镇街道东北 6.4 公里。清代乾隆年间，有孔姓迁此落户建屯，初称孔家屯。后形成两个聚落，分列于岭坡东西。东称上孔屯，西称下孔屯。该屯聚落呈条状东西排列。居民 38 户 132 人。农业主产玉米、花生。

下孔屯

自然屯。位于登沙河镇街道东北 5.2 公里。屯名由来同上孔屯条。聚落呈条状散列。居民 44 户 155 人。西临棋杆河，土地平坦，有护岸林。农业主产玉米、花生。有乡级公路屯中南北经过。

姜家屯

自然屯。位于登沙河镇街道东北 5.5 公里。清代有姜姓迁此建屯得名。聚落沿河呈块状排列。居民 60 户 211 人。东部慢坡，西临棋杆河，有护岸林。农业主产玉米、花生。有乡级公路屯中南北经过。

金星村

行政村。村民委员会驻地破车沟。位于登沙河镇街道东北 6.3 公里。村以政治含义得名。辖破车沟、小徐家屯两个自然屯。居民 308 户 1196 人。1983 年前建置沿革同丛家村。1983 年从丛家村分出，建立金星村，属登沙河乡。1984 年乡改镇建制，属登沙河镇。东临棋杆河，丘陵坡地，沟岔密布。农业主产玉米、花生。村办工业有塑料制品厂、电器厂、电焊厂。村设有小学校。有乡级公路村中南北经过。

破车沟

自然屯。金星村民委员会驻地。清代乾隆年间有张、李、孙、阎等姓先后迁此建屯。山路崎岖，颠簸难行。昔常有损坏车辆之事发生，故名破车沟。聚落呈带状东西散列，长达 0.5 公里。居民 261 户 1026 人。东临棋杆河，丘陵坡地。农业主产玉米、花生，有果园。村办塑料制品厂、电器厂、电焊厂和石矿驻此地。

小徐家屯

自然屯。位于登沙河镇街道东北 7 公里。清代乾隆年间，有徐姓迁此建屯得名。聚落呈长条状散列。居民 47 户 170 人。西部坡地，东部平坦。农业主产玉米、花生。

蔡家村

行政村。村民委员会驻地蔡家屯。位于登沙河镇街道东北 7.2 公里。村以驻地名。辖蔡家屯、徐家屯、杨家屯、起家屯、夏家庄、小王家屯 6 个自然屯。耕地面积 6380 亩。居民 622 户 2422 人。日本侵占时期，属 "普兰店管内" 长岭寺会。1945 年解放，同年秋建政，属新金县登沙河区。1946 年 4 月划归金县，仍属登沙河区。1956 年属棋杆乡。1958 年属登沙河人民公社，改称蔡家大队。1983 年改今名，属登沙河乡。1984 年乡改镇建制，属登沙河镇。东临柳家河，土地平坦。西部慢坡。农业主产玉米、花生。村办工业有塑料加工厂、饮料厂。村设有小学校。

蔡家屯

自然屯。蔡家村民委员会驻地。清乾隆年间，有蔡姓居此建屯得名。聚落呈块状沿公路排列。居民 129 户 501 人。西部坡岭沟岔，东临柳家河，土地平坦。建有平塘。农业主产玉米、花生，有苗圃。村办塑料加工厂、饮料厂、蔡家小学校驻此地。

徐家屯

自然屯。位于登沙河镇街道北 6.6 公里。清乾隆年间，有徐姓从山东迁此建屯得名。聚落沿公路呈条状散列。居民 121 户 499 人。东临柳家河，土地平坦。西部偏坡慢岗。农业主产玉米、花生。

杨家屯

自然屯。位于登沙河镇街道北6公里。清代乾隆年间，有杨姓居此建屯得名。聚落呈长方形东西散列。居民87户352人。东临柳家河，营有护岸林。农业主产玉米、花生，有果园。

赵家屯

自然屯。位于登沙河镇街道北6.8公里。清代康熙年间，有赵姓居此建屯得名。后迁入周姓。聚落呈条状东西散列。居民97户373人。东部临棋杆河，土地平坦，沿河有护岸林。农业主产玉米、花生。有乡级公路屯中南北经过。

夏家庄

自然屯。位于登沙河镇街道北7.8公里。清代时有夏姓从棋杆底迁此建屯得名。后有王姓、郑姓迁入。聚落呈方形散列。居民105户384人。东临柳家河。农业主产玉米、花生。

小王家屯

自然屯。位于登沙河镇街道北8公里。清代乾隆年间，王姓由山东迁此建屯，居户较少，故名小王家屯。聚落呈块状散列。居民83户313人。东临柳家河，土地低洼平坦，有护岸林。农业主产玉米、花生。

马蹄子村

行政村。村民委员会驻地马蹄子屯。位于登沙河镇街道西南4.1公里。村以驻地名。辖马蹄子屯、曲家屯、王家屯3个自然屯。耕地面积6638亩。居民653户2589人。日本侵占时期，属普兰店管内姜家堡子会。1945年解放，同年秋建政，属新金县登沙河区。1946年4月划归金县，仍属登沙河区。1956年属姜家堡子乡。1958年属登沙河人民公社，改称马蹄子大队。1983年改今名，属登沙河乡。1984年乡改镇建制，属登沙河镇。南与大李家乡接壤，西与亮甲店镇为邻。耕地平坦，水源丰富。农业主产玉米、花生。村办工业有综合加工厂、铸造厂、饮料厂、水泥制品厂、木工机具厂。金城铁路由村北经过。村设有小学校、商店、卫生所。

马蹄子屯

自然屯。马蹄子村民委员会驻地。清代顺治年间，曾驻八旗军，设有牧马场，其后久无战事，战马遣散，变成无马之场，空遗斑斑马蹄痕迹，屯由此得名。至道光年间，牧马场被旗民垦为耕地，称为"伍田"，但屯名沿用至今。聚落沿河呈长方形排列。居民 301 户 1146 人。南部丘陵坡地，有河水长流，筑有平塘。农业主产玉米、花生。村办综合加工厂、铸造厂、饮料厂、水泥制品厂及马蹄子小学校驻此地。金城铁路由屯北经过。

曲家屯

自然屯。位于登沙河镇街道西南 4.8 公里。清代嘉庆年间，有曲姓居此建屯得名。聚落呈方形散列。居民 158 户 655 人。慢坡土岗，农业主产花生、玉米。金城铁路由屯边经过。

王家屯

自然屯。位于登沙河镇街道西南 5.5 公里。清代乾隆年间，有王姓居此建屯，初称小王家屯，后改今名。聚落呈块状散列。居民 194 户 788 人。慢坡土岗，农业主产玉米、花生。

阿尔滨村

行政村。村民委员会驻地东三家。位于登沙河镇街道西南 4 公里。村以阿尔滨屯名。西与亮甲店镇相邻，北与华家屯乡接壤。辖东三家、阿尔滨、西三家、车家屯 4 个自然屯。耕地面积 6829 亩。居民 746 户 2671 人。日本殖民统治时期，属普兰店管内姜家堡子会。1945 年解放，同年秋建政，属新金县登沙河区。1946 年 4 月划归金县，仍属登沙河区。1956 年属姜家堡子乡。1958 年属登沙河人民公社，改称阿尔滨大队。1983 年改今名，属登沙河乡。1984 年乡改镇建制，属登沙河镇。东临登沙河，土地平坦，沿河有护岸林带。农业主产花生、玉米、苹果。村办工业有石矿、纺织厂、阀门厂、饮料厂、有色金属铸造厂。村设有小学校、商店、卫生所。金城铁路由村南经过。1985 年荣获辽宁省文明村称号。

东三家

自然屯。阿尔滨村民委员会驻地。屯名由来见西三家条。聚落呈方形排列。居民 89 户 314 人。丘陵坡地。农业主产花生、玉米。阿尔滨村办工厂及阿尔滨小学校驻此地。金城铁路由屯边经过。

阿尔滨

自然屯。位于登沙河镇街道西部 4.5 公里。清代乾隆年间，有满族正黄旗阿真克鲁深氏（后改傅姓）居此建屯，取名阿尔滨。系满语译音，即晒网之意，通译为晒网之地，屯名沿用至今。聚落呈块状东西排列，长达 1 公里。居民 395 户 1464 人。北部和西部属丘陵，东部低洼平坦，沿河有护岸林。农业主产花生、玉米、苹果，有大片果园。屯北坨山蕴藏丰富的花岗岩。

西三家

自然屯。位于登沙河镇街道西南 4.3 公里。相传，清代乾隆年间，有赵、李、白三户人家迁此落户建屯，故名三家子。以后形成两个聚落，按方位东屯称东三家，西屯称西三家。该屯聚落呈块状排列。居民 159 户 540 人。丘陵坡地，农业主产玉米、花生。金城铁路由屯边经过。

车家屯

自然屯。位于登沙河镇街道西南 3.7 公里。初称下沟口。清代乾隆年间，有车姓居此建屯，得名车家屯。聚落呈块状散列。居民 103 户 353 人，丘陵坡地，农业主产玉米、水稻、花生。

山东头村

行政村。村民委员会驻地山东头屯。位于登沙河镇街道西南 2 公里。村以驻地名。南与大李家乡接壤。辖山东头屯、小盐场两个自然屯。耕地面积 2771 亩。居民 365 户 1330 人。1963 年前建置沿革同马蹄子村。1963 年从马蹄子大队分出建立良种场大队，属登沙河人民公社。1980 年地名普查时，更名山东头大队。1983 年改今名，属登沙河乡。1984 年乡改镇建制，属登沙河镇。东临登沙河入海口处，土地平坦。北部平洼有大面积稻田。农业主产玉米、花生、水稻。村营工业有仪表厂、锻造厂、铸铝厂。村设有小学校。金城铁路、正太公路村中经过。

山东头屯

自然屯。山东头村民委员会驻地。清嘉庆年间，有于姓从山东迁此定居。因地势低洼，有多处水塘，初称于家泡子。后以屯落位于土山东部，改名山东头屯。聚落沿公路两侧呈条状排列。居民 188 户 716 人。东临登沙河。屯北低洼有大片稻田。20 世纪 50 年代曾是朝鲜族居民聚居区，种植水稻。后因生活不便，迁往吉林延边。东部土地平坦肥沃。农业主产玉米、花生、水稻。村办仪表厂、金县种马场、山东头小学校驻此地。金城铁路和正太公路由屯北交叉通过。

小盐场

自然屯。位于登沙河镇街道西南 6.3 公里。相传，昔为著名盐场。居民多以熬盐谋生，故屯以小盐场名。聚落沿公路东侧散列，屯东有大片盐田。居民 177 户 614 人。耕地平坦连片，农业主产花生、玉米。正太公路由屯西侧经过。

摘自《金县地名志》大连海运学院出版社 1988 年出版

段家村的历史遗迹

256

正阳老街的房子

小台山烽火台遗留基座

附录一 丛连兴的故事

买车记

寒冰

丛家大队离公社，就是走小道也有十二三里。脚步快的人走上个来回，至少也得两个半小时。

秋收前，公社召开大队干部会比平日频多了。大队支部尹书记、丛大队长不但从来没嫌路远，每次去开会还都拐着粪撮子。可是会计兰英这些日子却常常当着丛大队长的面念叨："去趟公社办点事，把时间都卖在道上。"丛大队长早看透了她又在想启发自己能同意给大队买辆自行车，便慢条斯理地说："行啊，为人民服务嘛！多跑点腿怕什么。"兰英听了想，等遇着机会直说了吧，靠启发是启发不出来了。

事也凑巧，就在这时，一位公社干部骑着辆锃明瓦亮的自行车，放到办公室的门口，走了进来。

兰英忙给那干部倒了碗水，乘他歇歇喘喘的空当，冲着丛大队长说："自行车送上门来了，快出去，我扶着你学学！"丛大队长听了，笑了笑想："这丫头，你这是让我上钩啊，让我学会了好买一辆。"于是，他说："我这老腿老胳膊的可不学那玩意儿。"兰英急得直截了当地说："学会了买一辆，来往到公社办事多方便。"丛大队长听了，笑了笑也没吱声。兰英又掉过头，冲公社那位干部说："老刘，自行车借我到公社送份报表。"那位干部看了看手表才十点半过点儿，一合计自己的事项晌午也办不完，便答应她了。

还没等那位干部和丛大队长谈完公事，兰英从公社就回来了，她喘吁吁地冲着丛大队长，指了指墙上的表说："我来回才一个多钟头。你整天说勤俭办社勤俭办社的，走道的时间也得节约呀！"那位干部也附和着说："是啊，俗话说'三春不如一秋忙'，眼下这时间比金子还贵呀。"兰英忙趁热打铁地说："你算算，咱们大队一年到头有多少干部到公社开会，花个一二百元买辆自行车骑着，在道上少耽误多少时间。"

经过兰英这么一算账，和公社那位干部一加油，丛大队长听一听，觉得这话也贴理，于是便点了点头说："行啊，等合计合计看看，有账算就买一辆。"兰英一听，高兴地说道："还算什么，这不是大整账，只有好处，没有亏吃！"

吃过饭，丛大队长要去公社参加大队长会议，顺便赶着辆胶轮车给供销社捎趟货。兰英乘着这个好机会，把买自行车的钱给了他，并且不放心地说"你可得上点儿心把自行车买回来啊！"丛大队长只是嘿嘿地笑了笑，也没说好，也没说不好，揣上钱，赶着车走了。

丛大队长赶着大车，刚走到食堂门口，吃饱了饭的社员们都拿着家什，要下地干活去。丛大队长冲着大伙说："歇一歇再干吧。"社员们回答说："累不着。"他又冲着人群中的老孔大爷说："吃饱了饭，抽袋烟嘛！"老人家说："不累呀。你晚上开会，白天领着大伙干活，又费智谋又出力都不累，我们还能累着？"人们都高高兴兴地抢着跟丛大队长搭话说：

"是啊，丛大队长，你该歇歇喘喘再走啊！"

"丛大队长，咱们今年又是个大丰收啊！"

人们说着笑着，不大工夫，丛大队长的身前身后像一窝蜂似的热热闹闹，拥满了下地干活的人。他正高高兴兴地和大伙谈着，一个到镇上上中学的小青年接过丛大队长手中的鞭子，赶着车往前面走了。

丛大队长拐起车上的粪撮子，和众社员一面捡着粪一面谈着，瞅着这机会，丛大队长想把这几天小队长永福硬吵吵要添牲口套和兜嘴的事向大家摸

1960 年第 12 期的《海燕》杂志刊登了登沙河丛家大队书记丛连兴的故事

登沙河人民公社丛家大队勤俭办社专辑

丛连兴的故事

早晨

蒋富敬

(宋宝山插图)

大河水涨小河宽

薛克荣

十二匹马

薛克荣

摸底，于是，他把话题拉到正经事上问："大伙的镰刀都准备好了？"

孔大爷说："磨得锃亮、锋快！"

丛大队长问："牲口套呢？"

一个壮实汉子答道："少几副咱用麻搓！"

丛大队长说："牲口兜嘴可是个大事啊，党号召咱们保粮，是一粒也不能让牲口糟蹋了。"一个小伙子说："我看，缺的兜嘴用麻搓绳织也行！"老孔大爷说："那东西软的还行，我小时候给地主刘猫子他爷爷放牛的时候，牲口兜嘴都是自己拿棉槐条子编的！"丛大队长高兴地问："您老会编吗？"孔大爷既客气又幽默地说："编不出个俊俏样，还编不出结实货？"

丛大队长高兴地说："对！这些家什大伙可得早动手准备全啦，别等到了时候临阵磨枪可就措手不及啦！"

说着说着，下地干活的人渐渐地都走净了。

丛大队长紧撵了几步，紧紧跟在车后面想："群众真是要干劲有干劲，要智谋有智谋啊！永福这几天吵吵要买的牲口套不用买了，兜嘴也解决了。你若是紧紧地贴近他们，有了困难去找他们商量，就是有天大的困难一脚就踢倒了！党委李书记说得真对呀！咱当干部的和群众就像鱼和水一样，离开他们，你就像鱼晒在滩上似的，用不上一袋烟的工夫就干死了。"他一边走着，一边出神地紧紧跟在车后面想着。忽然"嗖"的一声，一个骑自行车的擦他身边飞过去，待他扭过头去一看，自行车早就跑出老远了。他望着这飞快的自行车想："好快呀！连骑自行车的人是个什么样我都没看见，……我要是骑上这东西，在群众跟前这么一过，群众不也是看不见我是谁嘛！要是不能跟刚才那样，和大伙一块儿，贴心贴肉地说说笑笑，谈谈工作什么的，那不就成了鱼晒滩了吗？……就是下来推着车子跟大伙一块儿走，那么个锃明瓦亮的东西在你眼前，又怕碰了又怕跌了的，谁还敢沾你的边？"他瞅了瞅肘上的粪撮子想：要骑上自行车，这东西可就不用拐了，这一天到晚肩不担担手不提篮的，整天价骑着辆崭新的自行车，一队走二队串地检查工作，可真成了官僚主义了。他想起了合作化高潮那年，在春播时，党提出来要宽播密植，因为干部没能深入进行教育，群众执行得不够好，干部们便组织了个检查组，整天不干活，光拿着个尺挨块地去横量量竖量量。当时就有的社员背后反映说："这么多人光检查不劳动，一天少干多少活啊。"丛大队长听到后，感到这话反映得有道理，便马上和检查组的同志们一研究，觉得组织检查组也应该，可是最好是和社员打在一起，边劳动边检查不是更好吗。以后，他就这样做了，工作干得很顺利，群众反映也很好。想到这里，他深深地叹了口气，情不自禁地惊叹道："看起来买车子是个小事，但是这里面却反映出个重大的思想问题，就是讲阔气讲排场、不艰苦不勤俭的思想，这种思想发展下去是很危险的。"他暗暗下了决心，车子一定不能买。当他抬起头来的时候，大车走出好远，他赶忙挪快脚步，撵上了大车。

大车来到供销社，卸完了货还不到开会时间，他信步来到供销社屋里，抬头一看，一排排崭新的自行车周围围满了要买的人。他过去一看，价码是一百八十元，他想："这一百八十元我要是买上十头小猪崽，养一年再下一窝，一头就能换回一辆自行车，这些猪攒的粪下到地里能多打多少粮！"想到这里，他急忙走出供销社，到公社党委等待开会去了。

会议刚刚完，供销社主任一头闯了进来说："我们社来了八吨化学肥料，今年用不上了，谁若要先拉去，钱可以明年再给。"

这确实是件难事啊。眼瞅着就要开镰收山了，眼下用不着，买来家压一年本钱不说，仓库也没地方放呀，再说车也没工夫往回拉呀。正因为这些原因，大伙都小声嘀咕着，谁也没吱声。

可是丛大队长一听供销社来了化肥，心里可乐得花开八瓣，他想：虽然今年不用了，可是来年用上也多打粮啊！根据多年来的经验，他知道化肥的效力，真像仙丹一样，一棵苞米捏上一抓，至少也多打二两，这八吨化肥下到地里，可多打多少粮啊！越想越觉得这八吨化肥别人不要，自己非全包下不可！他又想：八吨化肥钱，供销社主任说算来年的，今年可以不给钱，那怎么行！眼下国家在进行大规模建设，处处用钱。国家和咱们公社一样啊，钱多了事情办的就多，社会主义建设就快！咱有钱怎能欠着国家的呢？别说眼下咱大队拿出这八吨化肥钱还没多大困难，就是有困难，咱们找大伙一合计也能解决。他想：秋收后一个劳动日少分五分钱，八吨化肥钱就挤出来了。

这样做大伙绝不会有意见！五二年初办社那咱，困难可比现在大多了，社里连烧口水喝的柴火钱都没有，在党的领导下，党员一带头，大家把老婆卖鸡蛋的钱都动员出来了，那时，谁也没有意见，渡过难关，乐呵呵地把社办起来了。现在，不比那时候强百倍！想到这里，他站起身来，噔噔噔地走到办公室，拿起电话机，往大队叫通了电话，把情况和自己的想法一五一十地向支书做了汇报。支书一百个支持他的意见，并说今晚就召开社员大会，把情况向大伙讲一下，准保没问题，别说八吨，就是十六吨、三十二吨的钱他们也不能打哽！

丛大队长风快地转回会议室，把怀里原来想买自行车的二百元钱掏出来，放在胖主任手里说："八吨化肥，别个大队若没有要的，我们全包下！这里先交上一吨的钱，少多少明天派人送来！"就这样，丛大队长把买自行车的钱买了化肥。

傍晚，已经是掌灯的时分了，社员们吃完饭，正坐在俱乐部里讨论为买化肥每个劳动日少分五分钱的社员大会时，丛大队长赶着车，拉回满满一车化肥。大伙都乐呵呵地忙乎着卸车，兰英却跑来围着大车转来转去，没找到买来的自行车，便话里有话地冲着丛大队长说："哎呀！大队长，买那么些化肥你真舍得花钱！才二百块钱，买辆自行车就不是正用啦？来往去公社走一趟累死个人的……"

"胡说！"丛大队长严肃地说，"这么些年咱们没自行车骑，社也办起来了！今天你怎么非要买辆车不可？！旧社会咱给地主当牛当马，吃糠咽菜的都扛过来了，今天饱饱暖暖地走趟道就累死了？！"兰英不服气地说："现在日子好了，你怎么能和旧社会比呢？"

这一个月来，丛大队长就觉得兰英脑子里钻出一股爱讲阔气的思想，这种思想如同年久失修的烟筒里冒出的黑灰一样，谁要不注意，掉在谁身上就得沾个黑点，这些日子，他就想找兰英谈谈，可是老没挤出时间，今天，正是个好机会，于是，坐在一棵老杨树桩上，对着兰英用爱抚的口气说："买辆自行车二百多元钱你没看上眼，你这是忘本啦。你回头想想，光复前两年，你们家要是有两块钱，你爹也许不能饿死；光复那年，你们家要是有二十元钱，你妈在旧社会一口糠一口菜种下的胃口病也不会送命。四七年国民党封锁咱旅大，咱们互助组要是有了这二百元钱，牲口不能倒台，人也不能倒架……"说着，他的两眼含满了眼泪，接着，他提高了嗓门说，"不错！眼下咱们的日子好过了，富了，可是咱不能忘了过去的苦处，滋长大手大脚讲阔气思想啊！咱们要把富日子当穷日子过！"丛大队长的这一席话像把三齿钩子似的钩疼了兰英的心，她瞪大了双眼，流着痛心的泪水，许久许久，她如同宣誓似的说："大队长，我明白了，往后看吧！"

社员大会又开始了，丛大队长把买化肥的好处和每个劳动日扣五分的事一说，大伙异口同声地喊出一百个同意来。

第二天一早，兰英又要到公社开会去。三星未落她便吃完了饭，套好了车，预备开完会顺路把化肥捎回来。

摘自《海燕》杂志 1960 年第 12 期
登沙河人民公社丛家大队勤俭办社专辑

段家村百年老枣树

程家村鸟瞰图

附录二　棋杆乡的春天

孟君

棋杆乡，是旅大市的卫生先进乡，响亮的名字把我引到了这个地方。从大连坐了三四个钟头的火车，我走进这个乡的时候，天色已经很晚了。黑夜里不能参观，只好到乡人委找个地方睡觉。

论睡觉，我是从不打怵的，每天晚上，一闭眼就到天亮。可谁料想，今天晚上不同了，躺在炕上两眼溜滑，好像涂了猪油似的总黏不到一块儿。睡不着，心里便胡思乱想起来——我想起了过去农村的景象。

旧农村，满街是马粪、杂草，每家门前一个大粪堆。进了院，你会看到西窗下一个鸡窝，东窗下一个猪圈，房门口是个院坑，离院坑不远的地方是便所，臭味直往鼻子里钻。假如这时从屋里跳出个小孩，你会看到他光着一双小黑铁脚板，大鼻涕过了河，一抽搭鼻下一条沟。如果进了屋，主人会顺手扫扫炕，抹抹凳子让你坐下，谈话中间老母鸡和小猪也许会跑进屋来了。当然现在不同了，自从解放以来，人民挖掉了穷根，家家都干净起来了。可是农村总归是农村，究竟能卫生到什么程度呢？ 这我却想象不出来。

夜里，蒙蒙眬眬刚睡着，突然一阵雨声把我惊醒了，往外一望，雨像瓢泼似的，看到这光景，我不由得心里暗暗叫起苦来，雨下得到处汪水，农村没有下水道，一定是满院泥泞。唉！这能看到什么卫生气象呢？ 这场雨把

268

我满腹的热火泼灭了。

当我再睁开眼时，天已经大亮了。出门一看，雨还在稀疏地滴巴着。望望天，东边的天似乎开了点儿缝，低头看地，不由我大吃一惊：房东的宽敞大院里，竟没有汪水。水哪儿去了呢？我仔细一看才发现，院子中央有一条小水沟，顺着小沟走出大门，眼前是一条横穿棋杆乡的公路，公路像条金龙，一眼望出几十里。公路两旁有两条水沟，每家院里的小水沟都和路旁的大水沟联系着，小沟进大沟，满院子雨水就这样流走了。

我顺着公路往前走，看见几个老乡手拿铁锹，把路沟里的水引进了棋杆河里。棋杆河水，绕着全乡慢悠悠地流着。河两岸的垂叶柳，胖绿胖绿的，被雨水洗过的桃花和梨花，好像一片白云和晚霞，棋杆乡真像一幅画，美极了。我问一位老人：沟里存点儿水怕什么？他手指路旁的一块写着"卫生守则"的木牌让我看，那上面第四款写的是："街道沟坑，下过雨后不准存水，要及时填平。"哦，原来人们在自觉地履行着自己的"卫生守则"啊！我们的农村变了，一切都变了，变得使你想象不到了！我想起昨晚的忧虑，满脸有些发起烧来……

吃过早饭，忽然太阳出来了。它照耀着雨后的棋杆乡，房屋树木闪闪发亮。在街上我见到一位大嫂子赶着一只老母鸡，一边赶一边好像在训斥它："猴头鸡你犯了卫生守则的第七条，你还不赶快地回到你的新房子里去！"鸡被赶进栏杆里了，大嫂子美滋滋地瞅着不远的石墙对我笑。我看到那涂了一层白色消毒粉的墙上书写着大字的标语："讲卫生，把粪攒，人增寿，田增产！振奋民族精神，造福子孙万代！"

我随着生产队长走进了大嫂的院子，一个四五岁、红脸蛋，穿着一身刚浆洗过的衣裳的小孩，大大方方走出来问："同志，你看哪里不卫生？"我一听乐了，队长一旁说："这个小家伙，头些日子一见面就跟我要卫生合格证！"孩子也知道要合格证，卫生工作真是深入人心哪！

大嫂住的是五间正房，门窗玻璃抹得通亮，屋里拾掇得井井有条，炕前有痰桶，墙上倚着苍蝇拍子。特别使我吃惊的是：屋的房梁和檩子，几十年烟熏火燎长满油灰的木头柜，都擦成了米黄色，有的地方被擦得起了毛。这真是奇迹！过去要想房梁变成黄色，那只有翻新另盖，而今天的农民在党的领导下竟抹去了多年的陈灰，使房梁还了原色，这是多么了不起的事啊！

我激动地走出大嫂的家，在门前，遇见了四位老人在那唠嗑儿。他们加在一起足有二百五六十岁。队长悄悄地告诉我，就是这几位老人和他们的老伴，过去曾经是除四害讲卫生运动里的阻力，他们说："每天干活不能讲卫生，庄稼人多少辈子都是这样，不干不净吃了没有病。"又说："苍蝇、蚊子、跳蚤、虱子、麻雀无计数，老驴长角你也收拾不光！"还有的说："院坑是太神，迁到大门外，全家不太平；猪是黑煞神，换了新圈能闹猪瘟……"我怀着好奇的心情凑过去听听他们谈论些什么，发现他们谈论的是绿化棋杆乡的问题。他们准备把全乡的院里院外，修上百花坛，叫奇花异草在棋杆乡盛开，要让庄稼人的心花随着百花怒放，要让庄稼人伴着百花过日子，他们在昨天还是卫生运动中的阻力，而今天却在热烈地规划远景。这股劲头哪来的？一位老大爷告诉我："早先干了一天活，一进院子瞅见满院鸡屎，有的时候还拉在锅台上，心里就满了，就是十个碟子八个碗，也吃不出个香味来……"说到这里，另一位老人接上了话头："现在不同了，一进街心就开了门，进了院子心就开了花，进了家就是苞米饼子也能吃出个饺子味来，气一顺满身都是劲……"

棋杆乡这个地方，我多少了解些，从历史上就是个出名的穷地方。棋杆乡，是在合作化高潮那年，由二十五个自然村组成的，成立了红星、先进两个农业社。它的名字，是从一个自然村——"棋杆底下"变化来的。据说在清皇朝里有一个姓苗的大官住在这个村里，作威作福地在自己门前竖起两根大旗杆，这个村便取名为"棋杆底下"。顾名思义，那时候人民是生活在他们的脚底下。日本鬼子殖民统治时期，棋杆底下是伪会的所在地，那时候，人民头上顶着封建势力和帝国主义两座大山，人民的血汗被他们喝干了，谁能空着肚子去讲卫生？那时候人民被害得家破人亡，妻离子散，流离失所，不和鸡猪、苍蝇、蚊子、臭虫睡在一起又有什么办法！在那个倒霉的社会里，谁敢把猪鸡送到院门外去？要那样就等于是给小偷养活的。

而今天人民翻身了，人们埋葬了旧社会，合作化拔掉了三千多年的穷根，扎下了富根；人民砍倒了封建迷信的旗杆，树立起卫生文明的大旗。在党的领导下，敲起了除四害讲卫生的战鼓，前后经过十三次大战役，十二次小战役，几天时间，基本上攻下了八无八净的战斗目标⋯⋯

中国人民是移山的愚公，我们既能掀掉压在中国人民头上的两座大山，就能翻江倒海，扭转乾坤；我们想做什么，就一定会做到。我们要打倒一切敌人，包括自然界的反动派在内。谁敢说我们民族不文明，谁敢说我们民族愚昧，落后？我们已经是一个文明、卫生的国家，站立在世界的东方了。

摘自《海燕》杂志

附录三　老家

鹤蜇

棋杆底是个小村，小时候每次去棋杆底都要经过登沙河镇。有高速路后，也只设了登沙河站出口，没有直达棋杆底的道路，到棋杆底都要先绕道登沙河镇上再拐个"L"形的弯再开上一段路才能到达。现在，开车从丹大高速路登沙河站出口出来，就有一条直通棋杆底的大道。这条路近几年才建成使用，最近又重新进行翻修。每次开车从高速路上下来往棋杆底走时，行驶在这条通往棋杆底的平坦宽敞的大道上，感觉阳光下的柏油马路亮得有些晃眼，道路两侧还少有建筑，远远看去，四周都是无边无尽的田野，丝缕的炊烟从田野中间飘散弥漫开去，不见喧嚣和拥挤的人群，却让人领略到至淳的乡风和包裹在乡土皱褶里那些久远的笑脸，真有点大路通衢的感觉。

登沙河镇是有些历史的老镇，商业较发达，人气较旺，通往棋杆底的道路两侧基本上被沿街商铺、小贩和各种车辆、行人所占有，道路拥堵着，行进艰难，开车通过尤其是要费一番周折。而新修的这条道路从高速路出口直通棋杆底，顺畅便利，也解决了棋杆底人出行的问题。这条大路让有些封闭的棋杆底小村有了豁然舒展的感觉，打开了棋杆底通往外部世界的大门。棋杆底小村也仿佛一下子敞开了胸襟，开阔了，开怀了，开朗了，开放了。

棋杆底是我的老家，年根近了，舅舅早早就打电话给我，约好时间，一起到棋杆底老家吃杀猪菜。近些年来，每到年根，舅舅都会提前安排一次在老家的团聚，已经成了每年的保留节目。这样的团聚让我们这些离开老家许久的人，重新回到老家，吃吃杀猪菜，看看乡里乡亲，提前在老家过年，体会老家的亲情，感受老家的温暖，倾听那好久不闻的乡音。

说是老家，其实已经没有多少至亲在那里，但左邻右舍又都是打断骨头连着筋说来说去都多少有点沾亲带故的亲人。猪是舅舅在老家托人代养的，挑一户信誉好的人家，每年交些代养的费用，如饲料钱、人工费什么的，尽心尽力地养着，只等着年根到了再把猪交给主人。我们去的前一天，舅舅就提前安排好了，猪已经杀好并处理完了，那天，还没等走进院子，远远就闻到了大锅煮肉的香气。

舅舅在老家的老宅宽敞明亮，有一个好大好大的院子，朝阳的是五间大瓦房，还有几间堆放杂物的厢房，院子里收拾得干干净净，全不是小时候的样子。帮着养猪的邻居已经提前接到通知，早早就把房子打扫干净了，玻璃窗也擦得能照出人影，火炕烧得滚烫，手伸到炕被里会烫得立即抽出来。门上已经贴上了大大的"福"字，门两旁也贴上了对联。灶火间里，请来的一个厨师还有两个助手正在灶台上忙着，一大盆血肠在锅台上放着，案几上摆满了做好的猪肝、猪头肉等，大锅里炖着猪肉萝卜干，这时正滋滋地冒着热气，柴火堆在大锅的灶台前，炉膛里的火时不时地喷出来，到处飘荡着浓浓的年的气息。

我最喜欢回老家了，每次回老家，我喜欢满村子乱走。村子里也是一派过年的喜庆气氛，外出打工的人大多回老家了，遇到相熟和不熟的人都会停下来，聊几句，有时遇到看着年纪大一点儿的老人，知道了我是谁家的孩子，一下子就会想起我小时候的一些事。有些老人也会讲些长辈们的事情，有些小时候一起的玩伴还会忆起我小时候来老家的一些趣事，每到这时，我就非常开心。乡里乡亲，即使不认识的，也不会有任何的陌生感，大家聚在村子里的某一个地方，或者哪家的大门口，或者一个不起眼的柴火堆前、小路旁、大树，等等，互相客气地聊一些村子里的陈年旧事，知道的不知道的听起来都非常地亲切。

　　回到老家，我总会想起小时候在老家的那些经历，老家总是让我感觉无比亲切。

　　我小时候是在姥姥家长大的，那时候妈妈还要工作，就把刚断奶的我送到了姥姥家寄养，因为我是家中的唯一的女儿，爸爸特别宠爱我，我送到老家没有多久，爸爸惦记我，也担心我在姥姥家的情况，就独自一个人去看我。也是快到年根了，姥姥抱着我到生产队的磨坊里磨麦子。姥姥把睡熟的我放在磨坊里的面案上，一个人在那里磨着面粉，爸爸突然找到磨坊，进门就到处找我，却怎么也没有找到，因为姥姥在磨坊里干活的时间太长，我已经被面粉覆盖了，磨坊里的面粉就像在我身上下了一层白白的雪花，只留下我的一对鼻孔在那里一下一下地热热地喘息着，睡得正香。见我在案板上像一个小雪人儿一样，爸爸心疼不已，要把我带走，最后还是在姥姥的一再坚持下，爸爸才没有把我抱回家。我在姥姥家一直住到三岁时能上幼儿园了，才回到自己家里。但我每年都跟随父母回老家过年，直到姥姥过世，舅舅也迁往城里，老家再也没有至亲至爱的人，回老家过年的日子就渐渐地少了。

　　我小时候，父母工作忙，那时候也没有大礼拜，更没有长假，每年只有过年的时候才会回老家，那时候物资匮乏，大人们回老家拿的东西也特别多，吃的用的穿的盖的等，从大米白面老板鱼豆腐干，到饼干罐头四海肥皂劳保鞋线手套笔记本铅笔盒，什么都带。那时候火车没有座号，谁能抢座位是谁的。因为父母带的东西多，总是挤不上车，抢座的大任就交给我了。因为我个子小好往车上挤，我常常是最先冲上火车的，我先找好一个座位，把书包衣服什么的往座位上一放先占着，然后再在对面的座位上躺下，一下子就能占上一排两三个人的座位，这样我就万事大吉了，只等着爸爸妈妈上车了，我再把占好的座位交给爸爸妈妈。每到这时，爸爸就抱抱我说，哈哈，胖丫头，好闺女，爸爸没白疼你啊。

那时候火车的速度较慢，从大连到棋杆底感觉要晃荡好几个小时才能到。有时候大家在车上会遇到亲戚或者老乡，一会儿，大人们就会聚到一起讲闲话聊闲天，孩子们则都滚成一团在车厢里跑来跑去，车厢顿时乱成糨糊。那时候没有电话，快过年时，有时候会提前写信回家，告诉家人什么时候坐几点的火车，老家就会派一些闲来无事的孩子辈的人到车站去接站。但有时要是忙忘记了写信，老家人也不急，从腊月二十六七开始，让孩子辈们往火车站跑，反正每天就两趟车，如果今天没有接到明天就会接着去，直到接到人为止。车站上到处都是接站的大人孩子，火车一来，个个大呼小叫的好不热闹。棋杆底是小站，只停留一两分钟，而且每天只有两班列车停车，一班是下午四点，另一班是晚上八点，如果这两个时间段赶不上，还可以乘坐在登沙河停车的火车。登沙河是大站，经停的火车多，但是从登沙河到棋杆底的公交车也只有两班，如果赶不上，就得从登沙河走到棋杆底，要走很长时间。

我十多岁的时候父亲突然去世了，回老家过年就没有了小时候那种欢快的情绪，妈妈也不大愿意回老家，因为过年是家人团聚的日子，而没有了爸爸的相伴，过年的老家便会勾起旧时的往事，不能疗伤却让人心伤。但是有一年，已经过了大年三十，也过了正月初一和初二，初三早晨，妈妈突然想回老家，她说想老家了，想得要命，说初三前赶回老家还来得及，因为"此地人"初三晚上才送年。可能是三十晚上喧闹的鞭炮扰动了妈妈心底的忧伤，也许是左邻右舍热腾腾的欢声使妈妈突然地想念亲人，妈妈简单地收拾一下，拖着我就往火车站跑，但是只有晚上八点才能到达的火车，而且只在登沙河站停车。但是妈妈铁了心要回去，根本不管天有多冷，路有多黑。车在登沙河停下后，已经没有了前往棋杆底的汽车，周围也没有妈妈熟悉的面孔。妈妈领着我往棋杆底走，路两旁没有路灯，远远的才会看到零星的灯火，夜晚的村庄都早早地关了灯，仿佛关闭了与外面相连的气息。我和妈妈摸着黑往棋杆底走，那天风很大，天气很冷，我心里害怕极了，紧紧地握住妈妈的手跟在她的后面走。那时候从登沙河往棋杆底走要路过一个庙宇，庙宇门前有两棵参天的大树，这两棵大树是银杏树，长得非常高大，又处在半山坡上，方圆十几里地都可以看到，传说这两棵银杏树是一对情人幻化而成的，往往从登沙河往棋杆底走的人，只要走到大树这里就表明到家的路已经走了一半了，这两棵大树成为登沙河和棋杆底的界碑。后来，有一次这对大树遭到雷击，被劈得粉碎，劈碎的树枝树叶被哄抢一空，传说用树枝和树叶煮水喝可以祛病。那天，一路上我眼睛远远地就盯着那两棵银杏树，妈妈就一路上给我讲两棵大树的故事，讲小时候到这个庙宇玩过的游戏，讲小时候偷吃庙宇里东西的孩子们……我们就这样走着走着，路上除了我和妈妈没有一个人影，只有风吹过耳边的恐惧。妈妈边走边数落她的外甥们：怎么会没有人接站？怎么我们就不能初三初四回来吗？怎么就一个个死脑筋看我回去怎么收拾这些臭小子们……妈妈因为有好几年没有回老家了，而且每次回老家都有人接，而这次我们两个人又是黑夜，一开始妈妈很自信地领着我走，但是等到了棋杆底往屯子里走时，才发现有两个岔路口，不知道往哪里走，又没有人问，于是妈妈凭着记忆选了一条路往前走，走了好长好长时间才看到一个村子，但是在村子里转来转去的却怎么也找不到姥姥家了，好容易看到一户亮着灯光的人家，妈妈上前敲开这户人家的大门，原来是我们走错了，不是姥姥所在的王家屯，而是与姥姥家方向相反的范家屯。不过，还好这户人家的主人正好认识舅舅，也听说过妈妈，还和考上大学的小姨曾经是同学。他骑着自行车把我和妈妈送到了三四里地外的姥姥家，到姥姥家时已经是后半夜了，妈妈一看见姥姥，委屈的泪水再也止不住了，娘儿俩抱在一起哭了起来。

过年时也正值立春时节，万物复苏，如果恰好是暖冬，房檐上的冰溜子早早地就开始融化，脚下的地也开始变得松软。那时候没有钱，院子里没有现在的石子和砖头铺路，化冻时，家家户户的院子里就会变得泥泞不堪，村子里的小道也满是污浊，常常弄脏了我的新鞋子，让我好心痛。

那天，我们在舅舅的老宅子里，吃着杀猪菜，喝着大碗酒，扯着嗓门说

白家村鸟瞰图

话，挥着胳膊打牌，舅舅的老房子里到处都是欢笑，仿佛年真的到来了一般。从舅舅家的窗口望出去，冬日的暖阳正懒洋洋地洒在院子里，我家的狗黑罗正和谁家的狗在院子里纠缠着，互相咬闹着，孩子们在欢快地奔跑着，此情此景，让我心生无限的感慨。

我问我家先生，你有老家吗？你的老家在哪里？先生说他有老家，他说每个人都有老家，他的老家在山东，只是他从来没有去过老家，从他爷爷那一辈离开老家以后，带来了一大家子的人，老家再也没有亲人了，他也就从来没有回过老家。

"不过，我把你的老家当成我的老家。"他说。呵呵，看上去倒也真诚。

虽然我有老家，但是老家的房子长年空着，老家的人都急着争着离开老家。如今老家的人许多都是走在对面不相识。老家虽在，老家人却成了陌生的邻居，少了亲情的召唤，多了客气的招呼。而老家，几十年过去了，小路还是那么泥泞狭窄，房子还是那么破旧低矮……似乎一切都在变，而一切又都没有变。

老家仿佛城里人的伤痕，老家里有忧伤，老家里更有思念，老家有抹不去的记忆。

老家仿佛窖藏的老酒，有回味，既辛辣又刺激，喝一口让人落泪。

舅舅的生活早已经城市化，生存方式与时代脉搏紧密相连，几驾坐骑都是百万以上，算是老家里走出来的成功人士了。那天我问他怕不怕金融危机，他就非常有底气地说，不怕，怕什么，我有老家啊！大不了我回老家。

老家是他的根。

老家！老家！

大连出版社 2015 年出版选自散文集《融入生命的味道》

逷沙河各村原始姓氏图

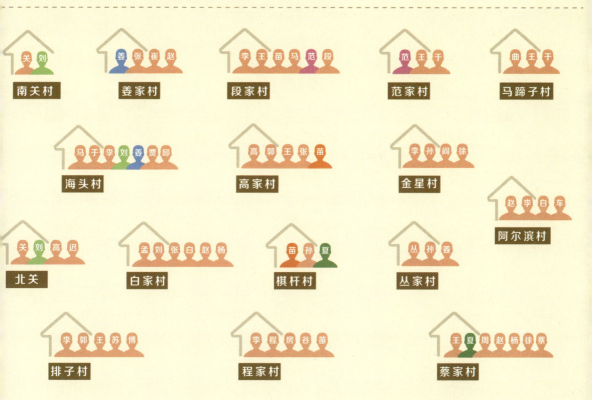

南关村 关 刘

姜家村 姜 张 崔 赵

段家村 李 王 苗 马 范 段

范家村 范 王 于

马蹄子村 曲 王 于

海头村 马 于 李 刘 姜 贾 邱

高家村 高 郭 王 张 苗

金星村 李 孙 阎 徐

阿尔滨村 赵 李 白 车

北关 关 刘 高 迟

白家村 孟 刘 张 白 赵 杨

棋杆村 苗 孙 夏

丛家村 丛 孙 姜

排子村 李 郭 王 苏 傅

程家村 李 程 房 谷 苗

蔡家村 王 夏 周 赵 杨 徐 蔡

棋杆村鸟瞰图

盐大澳海岸线的绮丽风光

村屯水库

从家村的蔬菜大棚

登沙河秋天收获季节金色的田野

丛家村鸟瞰图

北关村的大门

北关村的苞米仓

高家村水田春天的绿色

高家村水田秋天的金黄

在登沙河的田野上一抬头就会看见一座水塔

登沙河秋天的颜色就是梵·高向日葵的颜色

小平原的清晨

老盐场旧址新貌

北关村鸟瞰图

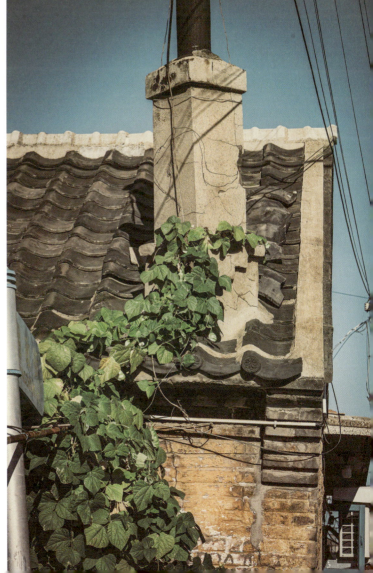

正阳街一角

马坨子岛上的海神娘娘塑像

马坨子岛海域碧波万顷

马坨子岛与段家村的小码头遥遥相望

盐大澳里的明珠——马坨子岛

段家范家渔牧场，
马坨蛋坨鸟天堂。
根红苗正出辽参，
碧波滩涂海鲜坊。
遗址遗迹说盐田，
何时何处有金厂？
昔日血雨腥风处，
今是鱼米稻花乡。

11

图表

登沙河街道（乡、镇、公社）历任党政领导（党）

职务	姓名	任期	备注
书记	胡 青	1946.1—1946.2	中共登沙河区区委
书记	王 湘	1946.3—1946.10	中共登沙河区区委
书记	孙 健	1946.10—1948.7	中共登沙河区区委
书记	邹德平	1948.7—1948.12	中共登沙河区区委
书记	于德钧	1949.1—1949.9	中共登沙河区区委
书记	于德钧	1949.10—1950.9	中共登沙河区区委
书记	郭仲琪	1950.9—1951.1	中共第六区区委
书记	王荣吉	1951.1—1952.2	中共第六区区委
书记	王述温	1952.5—1953.4	中共第六区区委
书记	金胜九	1953.4—1955.5	中共第六区区委
书记	张天德	1955.10—1956.3	中共登沙河区区委
书记	赵明堂	1956.5—1956.12	中共登沙河区委员会（代）
书记	李成田	1956.4—1956.12	中共登沙河镇总支委员会
书记	赵明堂	1957.1—1958.6	中共登沙河镇委员会
书记	范盛昌	1956.1—1956.12	中共登沙河总支委员会
书记	李成田	1956.1—1956.4	中共姜家堡子乡总支委员会
书记	赵安业	1956.4—1956.5	中共姜家堡子乡总支委员会
书记	白淑香	1956.5—1956.12	女，中共姜家堡子乡总支委员会
书记	王永全	1957.3—1958.6	中共姜家堡子乡委员会
书记	苗建庆	1956.1—1956.5	中共棋杆乡总支委员会
书记	房建喜	1956.5—1956.12	中共棋杆乡总支委员会
书记	苗建庆	1957.1—1958.6	中共棋杆乡委员会
书记	赵明堂	1958.6—1958.9	中共登沙河乡委员会
书记	赵明堂	1958.10—1959.3	第一书记，中共登沙河人民公社委员会

职务	姓名	任期	备注
书记	张志臣	1959.3—1962.6	第一书记，中共登沙河人民公社委员会
书记	张志臣	1962.6—1965.6	中共登沙河人民公社委员会
书记	孙德树	1965.6—1968.6	中共登沙河人民公社委员会
书记	空　缺	空缺	空缺
书记	白永年	1971.3—1972.8	满族，中共登沙河人民公社委员会
书记	郑宝明	1972.8—1978.4	中共登沙河人民公社委员会
书记	刘桂善	1978.4—1981.7	中共登沙河人民公社委员会
书记	张文忠	1981.8—1983.9	中共登沙河人民公社委员会
书记	宁振波	1983.10—1987.4	中共登沙河乡（镇）委员会
书记	管连华	1987.6—1991	中共登沙河镇委员会
书记	程绍君	1992—1995	中共登沙河镇委员会
书记	王宝安	1996—2000	中共登沙河镇委员会
书记	洪克庆	2000.10—2008.10	中共登沙河街道工作委员会
书记	曲福长	2008.10—2010.8	中共登沙河街道工作委员会
书记	王　怡	2010.8—2011.3	中共登沙河街道工作委员会
书记	洪　江	2011.3—2019.7	中共登沙河街道工作委员会
书记	张春雨	2019.7—2021.9	中共登沙河街道工作委员会
书记	刘凤斌	2021.9—	中共登沙河街道工作委员会

登沙河街道（乡、镇、公社）历任党政领导（政）

职务	姓名	任期	备注
区长	王 湘	1946.2—1946.10	登沙河区
区长	王逢珠	1946.12—1949.1	登沙河区
区长	崔 黎	1949.11—1950.7	第六区
区长	关盛财	1950.11—1951.3	第六区
区长	金胜九	1951.3—1954.2	第六区
区长	赵明堂	1954.2—1956.5	第六区
副区长	苗建庆	1956.5—1956.10	登沙河区
区长	赵安业	1956.10—1956.12	登沙河区
区长	王安贵	1956.1—1956.4	登沙河区
区长	曲江涛	1957.1—1958.6	登沙河区
乡长	赵安业	1956.1—1956.4	姜家堡子乡
乡长	王安贵	1956.4—1958.6	姜家堡子乡
乡长	范增益	1956.1—1956.5	登沙河乡
乡长	苗长宽	1956.5—1956.12	登沙河乡
乡长	房进喜	1956.1—1956.5	棋杆乡
乡长	丛连福	1956.5—1956.12	棋杆乡
乡长	范世昌	1957.1—1958.6	棋杆乡
乡长	苗建庆	1958.6—1958.9	登沙河乡
社长	苗建庆	1958.10—1959.6	登沙河人民公社
社长	乔兴义	1959.6—1961.9	登沙河人民公社
社长	苗建庆	1961.11—1962.11	登沙河人民公社
社长	张福玉	1962.12—1968.3	登沙河人民公社
主任	孙德树	1968.3—1969.3	登沙河人民公社革委会

职务	姓名	任期	备注
主任	白永年	1969.6—1972.8	登沙河人民公社革委会
主任	郑宝明	1972.8—1976.10	登沙河人民公社革委会
主任	郑宝明	1976.10—1978.9	登沙河人民公社革委会
主任	刘桂善	1978.9—1979.9	登沙河人民公社革委会
主任	梁绪忠	1979.9—1980.9	登沙河人民公社革委会
主任	高玉珠	1980.9—1983.10	登沙河人民公社革委会
乡（镇）长	王安贵	1983.10—1984.3	登沙河乡（镇）人民政府
镇长	高玉珠	1984.3—1987.3	登沙河镇人民政府
镇长	程绍君	1987.3—1991	登沙河镇人民政府
镇长	王忠文	1992—1996	登沙河镇人民政府
镇长	刘永健	1997—2003.9	登沙河镇人民政府
镇长	曲福长	2003.9—2005.10	登沙河镇人民政府
主任	曲福长	2005.10—2007.10	登沙河街道办事处
主任	于世旭	2009.2—2013.3	登沙河街道办事处
主任	韩学武	2013.3—2019.7	登沙河街道办事处
主任	黄治苹	2019.7—	登沙河街道办事处

村名	屯名	人数（人）	户数（户）	备注	村名	屯名	人数（人）	户数（户）	备注
南关村	大关家沟	717	217		排子村	前排子	740	200	
	小关家沟	241	69			后排子	546	156	
	南菜园子	265	78			李糖坊	517	137	
	小刘家屯	550	152			傅家屯	659	176	
	老炉	586	160		海头村	海头屯	366	100	
	北菜园子	216	63			贾家屯	609	157	
姜家村	姜家堡子	524(含小土城子)	141			邱家屯	903	250	
	烧锅屯	357	90			台底屯	264	77	
	崔家屯	538	145			小李屯	248	72	
	赵家屯	439	122			姜家屯	410	116	
	小土城子	无	无			马家屯	405	105	
北关村	西关家屯	232	78		白家村	杨家屯	295	75	
	东关家屯	341	89			赵家嘴子	465	130	
	刘家屯	447(含高家屯)	122			白家屯	393	111	
	高家屯	无	无			张家屯	466	120	
	迟堡子	436	114			刘家屯	272	77	
	台前屯	652	166			孟家嘴子	303(含盐场)	85	
	东南沟	169	43			盐场	无	无	

村名	屯名	人数（人）	户数（户）	备注
段家村	李家屯	538	140	
	王家庄	578	148	
	苗家屯	220	62	
	马家沟	179	57	
	小范家屯	400	98	
	段家屯	458	127	
高家村	高家屯	760	204	
	下郭屯	576	154	
	上郭屯	441	126	
	王家炉	129	39	
	洼子屯	453	125	
棋杆村	棋杆底	949(含南台子)	251	
	小糖坊	243	62	
	孙家屯	1076	287	
	南台子	无	无	
程家村	程家屯	852	231	
	谷家屯	460	119	
	长岭寺庙	168	40	
	李家屯	272	66	

村名	屯名	人数（人）	户数（户）	备注
范家村	大范家屯	861(含沙包子、金厂)	231	
	王家屯	909	251	
	茂隆山	304	82	
	山嘴	326	85	
	沙包子	无	无	
	金厂	无	无	
丛家村	前丛家炉	176	43	
	小王家屯	223	62	
	后丛家炉	140	38	
	上孔屯	132	38	
	下孔屯	155	44	
	姜家屯	211	60	
金星村	破车沟	1026	261	
	小徐家屯	170	47	

村名	屯名	人数（人）	户数（户）	备注
蔡家村	蔡家屯	501	129	
	徐家屯	499	121	
	杨家屯	352	87	
	赵家屯	373	97	
	夏家庄	384	105	
	小王家屯	313	83	
马蹄子村	马蹄子屯	1146	301	
	曲家屯	655	158	
	王家屯	788	194	
阿尔滨村	东三家	314	89	
	阿尔滨	1464	395	
	西三家	540	159	
	车家屯	353	103	
山东头村	山东头屯	716	188	
	小盐场	614人	177	

后记

　　一条大河的历史，是以千年或万年为时间单位的；一个村庄的历史，至少也是以百年或几百年为时间单位的。

　　金普新区的登沙河老镇，有着非常非常古老的村屯聚落，一直留存到现在。例如 600 多年前的望海埚战役里，就有姜家堡子即现在姜家村的身影。再如海头村，顾名思义，是当年的海之头，现在海头村离海岸线很远了，说明它当年所在位置和今天是不同的，它经历了河口逐渐淤积和海退的漫长过程。

　　这样一个老镇，会有着什么故事呢？

　　1

　　2019 年秋，我接到了新任登沙河街道党工委书记张春雨的邀请。找我，还是想做一本登沙河历史文化的书，既要了解这块土地的历史和文化，也要为后人留下一些文字和记录。

　　我是第一次集中性地走了这么多的村屯聚落。

　　在阿尔滨村大旺山，我在田地里就找到了远古先人遗留下的陶片和打磨过的石器；在北关村的东关屯看到了青铜时代的文化遗址；在高家村看到了汉墓遗址；在北关、海头、段家看了 600 多年前的烽火台残基座，当年的望海埚战役就是在这里爆发的。

我在棋杆村观摩了已存在近200年的那栋夏氏老宅；在段家还找到了废弃已久的日本殖民统治时期盐田工业遗址；登上马坨子岛看了海蚀地貌和岛上的海神娘娘庙；在程家村看了1957年修筑的胜利桥，桥上一些水泥桩柱已经斑痕累累；在盐大澳的海岸线还查看了日俄战争时日军的登陆点……

登沙河的田野行走，因为疫情的影响，也是经历跨年的。所以春夏秋冬我都曾往那里走过，田野大地的苍茫，村屯聚落的炊烟，栎树黑松的傲然，青纱帐的墨绿与芬芳，海岸线的迷蒙与旷远，都给我留下了深刻印象。

登沙河流域里的秘密和故事，绝不仅仅是几次田野调查和采访就能够探索尽的。它的千百年积淀，需要慢慢地用心来搜索来整理，或者说这是一项浩大的工程，以一己之力是不可能完成的。

我仅仅掀开了厚重帷幕的一角，就已经窥见了很多人物和故事。

登沙河之行，让我又认识了一方土地，认识了一方人。而这完全是机缘巧合，是一种冥冥之中的命运安排。按照常规来说，人们总是生活在自己一个独特的小圈子里，每天的行走轨迹，绝大部分是相同的、重复的。

想走出小圈子，除了旅行，几乎没有其他方法。到几十公里之外的登沙河，进行一次详尽的调查，可以说是非常偶然的机缘。

2

让人记忆更深刻的还是登沙河人。

我理解，街道是直接和老百姓打交道、真正落实党的各项政策措施的最下沉的基层机构。上级层层下达的政令，最后都是由街道来执行落实的。辖区百姓的温饱哀乐、生死祸福和街道官员关系重大，因为他们就是"亲民官、父母官"。街道上面的官员则属于"治官之官"，街道才是"治事之官"。

正如《清史稿》里的一段论述："决讼断辟，劝农赈贫，讨猾除奸，兴养立教。凡贡士、读法、养老、祀神，靡所不综。"

所以我每次去采风，看见他们忙忙碌碌，心中也是感慨也是敬佩。

这里我最早认识的还是街道党工委书记张春雨，我们曾合作过《百年老镇董家沟》一书，印象中他总是充满着工作的激情且富有情怀，在平日杂乱繁忙的事务中，清醒地主张要调查登沙河区域的文化遗迹，要为后人留下关于登沙河历史和文化的记录。

当然，收集这些历史记忆，做历史文化的功课，常常是费力不讨好而且见效慢的。一些急功近利的人是不屑于去做的，真正想做事的有一些想法的，才会下这种笨功夫、慢功夫。

还有年轻的街道办主任黄治平，还有一些脸熟却叫不上名字的街道干部，还有已退休的老书记曲福长等，都给我留下了深刻的印象。

街道办的魏悦和关连莲是一直同我去村里采访的两个年轻人，我们一起走遍了十五个村子一个社区，愉快而迅捷。

阿尔滨村的独臂老人李德盛，年轻时因一次事故而失去了左臂。因此李德盛的右臂非常强劲有力，而且更灵活更有创造力。难能可贵的是，他从年轻时就开始收集各种奇石，喜欢做根雕，后来转向收集新石器时期的一些石斧、石杵、石矛，等等。这些经过打磨的石器，虽然看起来不是那么光鲜，那么晶莹剔透，但质朴之中，带着古人的气息和审美，别有一番风味。他家里收集的这些石器，几乎可以成为一个小博物馆，令人叹为观止。

和他有同样爱好的是阿尔滨村另一位老人秦德武。秦德武当年就是登沙河镇的宣传委员，曾经写过很多新闻稿，兴趣也十分广泛。包括诗词歌赋、琴棋书画，他都有自己的一些独到的地方。当年的《登沙河之歌》就是秦德武写的。

还有，在正阳街街边晒太阳的苗长青老人，一问起来已经104岁了，然而回答各种问题都非常清晰非常清醒，完全不像百岁老人。还有，原来街道办的妇女主任李春荣，也对家乡怀有着深深的感情，一说起当年的事情，几乎就是滔滔不绝，能够给你提供非常详尽的介绍。

3

从2020年年末始，我写了九篇《登沙河手记》，发到登沙河街道的公众号和我的朋友圈及一些群里，引起了一些反响。常有人和我打招呼，说他曾经在登沙河生活或者工作过，有很多美好的回忆，也有一些小故事。还有的是他的父辈甚至是祖辈曾在那块土地上生活，这自然就有了一份亲切感。我想不到，很随意的几篇登沙河手记，有的甚至点击量达到了近万次。

总之，在老镇我写了登沙河、棋杆河、柳家河，写了海湾、海岛马坨子和海蚀地貌，写了青纱帐、玉米地、落花生、水田，写了老枣树、老梨树、老疙瘩树，写了乡贤、企业家、老战士、百岁老人……

在这里要感谢金州博物馆的徐建华等，给我提供了很多历史资料。他们在"三普"期间跑遍各个乡镇街道做调查，现在有的文物旧址已经面目全非了，变化非常大。感谢他们留下了当年的一些光影。

感谢金普新区档案馆的姜文，给我提供了很多查阅资料上的便利。感谢大连市作家协会副主席孙学丽，给我发来了她关于登沙河的一些文字。她写过一些关于登沙河的散文还有小说，尤其那篇小说写得非常好，可惜篇幅和题材所限，没有收进这本书里。

感谢摄影师王正，开车跑了很多次登沙河，把登沙河春夏秋冬的美景都呈现给了我们。

登沙河之行，留下的是脚印，收获的是大美；付出的是汗水，收获的是欣慰。我们这本书只是登沙河的一个不完整的记录。

感谢在采访调研中给予支持的登沙河街道各村领导和工作人员，这里有蔡家村的周君毅、王存良，南关村的王振华、王振千、关迪，北关村的李萍，排子村的柳杰，段家村的李彭昌、万雪，范家村的王端、王玉梅、王继鸿，丛家村的李有凯、王仁良、王妍妮，程家村的陈文全、程绍杰、张有林，阿尔滨村的许韶华，棋杆村的夏秋令，姜家村的姜淑芳、姜娜，白家村的杨世坤，正阳社区的王瑶，马蹄子村的刘志红，高家村的范爱红，海头村的姜广民……

感谢这片热土给予我的灵感和启迪。

沧浪之水清兮，可以濯吾缨；沧浪之水浊兮，可以濯吾足。

登沙河，辽南的一条母亲河。

王国栋

2021 年 7 月